Horst Petri

Väter sind anders

Horst Petri

Väter sind anders

Die Bedeutung der Vaterrolle
für den Mann

Kreuz

Inhalt

Einleitung

Die kurvenreiche Straße von den Bergen um Sassetta hinunter ans Meer. Marina di Castagneto. Ein kleiner Ferienort unter hohen Piniendächern. Meilenweiter Sandstrand, der sich sanft auslaufend im Wasser verliert. Ein Familienparadies im Frühsommer. Väter mit ihren Kindern. Sie stehen im Wasser, halten ihre Kleinen auf ausgestreckten Armen und lassen sie von den Wellen schaukeln; sie springen mit ihnen über die anrollenden Schaumkämme, bauen Burgen, spielen Ball, balgen sich herum, und abends duschen sie die Kinder ab, machen sich mit den Kleinsten im Kinderwagen auf den Heimweg, die Größeren an der Hand. Die Mütter liegen noch mit anderen Familien plaudernd in der frühen Abendsonne und erholen sich von der täglichen Kinderversorgung. Die rufenden Kinderstimmen »Papa, Papa«, die noch eben über den Strand tönten, klingen ab. Ein Tag geht zu Ende. Die spielenden Väter. Das spielende Kind im Mann. Die Kinderliebe der Italiener.

Zurück aus dem Urlaub mache ich einen Spaziergang an einem Kanal entlang, mitten im Herzen der Großstadt Berlin. Väter mit Kindern. Die Winzlinge in Tragsäcken auf dem Rücken oder dem Bauch, schieben sie die kleinen Kinder in Buggys vor sich her, fahren mit den größeren Fahrrad, spielen Fußball, füttern die Schwäne, trösten die weinenden Kinder, die vom Dreirad gefallen sind, liegen auf den Wiesen und spielen, mit Karten, mit Würfeln, mit Autos, mit Puppen und Knautschtieren. Schaukeln im Wind. Sie lachen miteinander, sie reden miteinander. Deutsche Väter heute. Der Unterschied zu Italien schwindet.

Oder trügen die Bilder? Zeigen sie nur die Sonnenstrahlen

eines Glücks zwischen spielenden Kindern und ihren spielenden Vätern, das die dunklen Seiten dieser Schicksalsgemeinschaft verdeckt? Wir wissen doch, dass jedes Licht auch Schatten wirft.

Aber immerhin, es gibt dieses Licht, an das wir nach mehr als drei Jahrzehnten feministischer Kritik an den Vätern nicht mehr glauben konnten. Langsam schälen sich aus der Dunkelheit Bilder heraus, die als »neue Väter« mit einer »neuen Väterlichkeit« in Erscheinung treten. Bei aller noch bestehenden Polarisierung der Geschlechter lässt sich dieses Verdienst beim Abbau patriarchaler Vaterstrukturen als ein revolutionärer Schritt zu mehr Demokratie würdigen.

Wenn man nicht nur dem Anschein traut, sondern auch gründlichen Studien der jüngeren Zeit, haben sich die Vaterschaftsvorstellungen von Männern und Vätern grundlegend gewandelt. Die Frauen dieser Väter ebenso wie ihre Kinder bezeugen mehrheitlich Einstellungsänderungen, wie sie in diesem historisch kurzen Zeitraum kaum zu erwarten waren. Kann man das Thema Väter deswegen getrost ad acta legen und auf den weiteren Wandel zu mehr praktizierter Vaterschaft vertrauen? Nachdem Väter lange in Frage gestellt wurden, scheint neuerdings das Pendel in Euphorie umzuschlagen. In Talkshows und Gazetten haben die »neuen Väter« Konjunktur. Wie Phönixe steigen sie als geläuterte Wesen aus der Asche empor. Es ist nicht schwer, in dieser Umkehrung die Wiederkehr der verdrängten Sehnsucht nach dem vollkommenen und gütigen Vater zu erkennen, wie sie die Menschheitsgeschichte begleitet. Solche Idealisierungen sind, wie wir sehen werden, nicht nur unrealistisch, sondern auch gefährlich, weil sie in folgenschwere Enttäuschungen umschlagen können.

Es ist ein besonderes Merkmal der wissenschaftlichen und populären Vaterliteratur und auch der öffentlichen Diskussion, dass Väter aus einer überwiegend statischen Perspektive dargestellt werden, so als würde ihnen bereits bei der Geburt ihr Vatersein unwandelbar mit in die Wiege gelegt. Dabei wird übersehen, dass Väter in erster Linie Männer sind, wie Mütter auch Frauen, und dass sie von der Geburt bis ins Erwachsenenalter einen mühseligen Weg durchlaufen müssen, um eine männliche Identität zu entwickeln. Während dieser Zeit sind sie eingespannt in die Phasen ihrer biologischen und psychosozialen Reifung, in die eigenen Mutter- und Vatererfahrungen in der Ursprungsfamilie, in das komplizierte Beziehungsgeflecht zum anderen Geschlecht, in die Regeln des Berufs und in die gesellschaftlichen Ideologien, Umbrüche und Krisen, in denen sie jeweils aufwachsen. Erst aus dieser ganzheitlichen Sicht wird die Bedeutung der Vaterrolle verständlich, die der Mann eines Tages übernimmt und mit der er seine Gesamtidentität als Mann und Vater abrundet.

Deswegen wird in dem Buch das Ziel verfolgt, das Hineinwachsen des Mannes in die Vaterrolle als einen dynamischen Prozess darzustellen. Damit soll ein realistisches Bild des Vaters entworfen werden, das unsachliche Entwertungen ebenso wie falsche Idealisierungen korrigieren möchte. Nur so lässt sich ein ausgewogenes Urteil gewinnen. Dabei wird sich herausstellen, dass Väter anders sind als die Vorstellungen, die gemeinhin von ihnen existieren.

Ich danke dem Programmleiter des Kreuz Verlages, Herrn Thomas Schmitz, und meiner Lektorin Frau Heike Neumann herzlich für ihre Bereitschaft und Unterstützung, das Buch in einer Neuedition herauszubringen, um die aktuelle Väterdiskussion durch einen Beitrag zu bereichern, der psychologische und soziale Ansätze miteinander verbindet.

Berlin, im Herbst 2003   Horst Petri

I.

Väter als Söhne

Zur Psychologie des »kleinen Mannes«

Antonia und Alexander haben sich vor kurzem kennen gelernt. Sie verlieben sich ineinander. Morgens, nach der »schönsten Sache der Welt«, frühstücken sie gemeinsam im Bett und stellen die ersten wichtigen Fragen, die ins Zentrum des anderen treffen. Was ist dein Vater für ein Mensch, was macht er beruflich, und deine Mutter, führen sie eine gute Ehe, wie ist dein Verhältnis zu ihnen, wie viele Geschwister hast du und welche Beziehung zu ihnen? Die Fragen zielen auf die persönlichsten Erfahrungen, auf seine Biografie, die in der Familie begann und sich in Schule, Ausbildung und Beruf fortsetzte. Wie warst du als Kind und später in deiner Jugend? Vielleicht wird Alexander eines Tages der Vater von Antonias Kindern, da möchte man wissen, wer der andere ist, sein Privates in die Beziehung hineinholen, um ihn zu verstehen und sich ihm zu nähern.

Jeder Mensch hat seine Geschichte. Sie ist unverwechselbar eingeschrieben in ein dichtes Netz familiärer und gesellschaftlicher Erfahrungen in einer bestimmten gesellschaftlichen Situation. Jeder wurde von ihnen geprägt. Sie bestimmen das Schicksal ein Leben lang mit. In der Partnerschaft, in der Ehe, in der Vaterschaft – immer wird diese Geschichte ihre Stimme erheben und sich – mal harmonisch, mal querköpfig – einmischen. Auch in der Beratung oder Therapie von Vätern wird man diesen nicht gerecht, wenn man ihre individuelle Geschichte mit den zahlreichen Facetten nicht in das Verständnis ihrer aktuellen Schwierigkeiten einbezieht.

Aber unabhängig vom jeweils unterschiedlichen sozialen Status, von der Qualität der Eltern-Kind-Beziehung, von den Chancen in Schule, Ausbildung und Beruf sowie einschneidenden politischen Ereignissen gibt es Gemeinsamkeiten, die Kinder vor die gleichen Entwicklungsaufgaben stellen. Der lange Weg zum Vatersein verläuft über das Mannwerden, und dieses beginnt in der frühesten Kindheit als Sohn. Ein Vaterverständnis setzt daher einige Kenntnisse der ersten Reifungsschritte voraus.

Die psychoanalytische Entwicklungspsychologie war lange Zeit von einer einzigen Theorie beherrscht, nämlich der Annahme des Ödipuskonfliktes als Grundlage für die psychosexuelle Reifung des Kindes. Da sie heute noch einige Gültigkeit beansprucht und im Verlauf der weiteren Darstellung des Öfteren auf sie Bezug genommen wird, soll sie unter Beschränkung auf die Entwicklung von Jungen kurz skizziert werden. Die Theorie wurde von Freud in Anlehnung an den griechischen Ödipusmythos entwickelt.

Ödipus wurde als Säugling von seinem Vater Laios wegen eines bösen Orakels ausgesetzt und in der Fremde erzogen. Bei seiner Heimkehr erschlägt er während eines Streites einen älteren Mann, ohne zu ahnen, dass dieser sein Vater ist. Kurze Zeit später heiratet er, ebenfalls ohne Kenntnis der Hintergründe, dessen Witwe Jokaste, seine leibliche Mutter. Aus dieser Tragödie leitete Freud die Theorie des Ödipuskomplexes ab. In der »ödipalen Phase« der kindlichen Entwicklung (4. bis 5. Lebensjahr) richtet der Junge, so die Theorie, seine erwachenden sexuellen Wünsche auf das erste Liebesobjekt, die Mutter, und gerät dadurch in eine gefährliche Rivalität mit dem Vater. Der unbewusste Wunsch, diesem die Mutter zu entreißen, löst heftige Bestrafungsängste, die so genannte Kastrationsangst, aus. Um ihr zu entgehen, wird der Wunsch verdrängt und stattdessen eine Gewissensinstanz, das Über-Ich, entwickelt, das über die Einhaltung des Inzesttabus wacht. Erst nach Überwindung des Inzestwunsches kann der Sohn die Rivalität mit dem Vater aufgeben und sich mit dessen Männlichkeit identifizieren. Dieser Entwicklungsschritt leitet seine eigene psychosexuelle Identitätsfindung ein.

Die Theorie vom Ödipuskomplex, dessen Bedeutung Freud »zum Kern der Neurose« erhob, ist, wie das Auftreten ödipaler Konflikte in vielen Familien zeigt, ebenso bestechend, wie ihr Anspruch auf Allgemeingültigkeit einseitig ist. Dies wurde spätestens mit Beginn der siebziger Jahre durch die Einführung der Theorie von der Triangulierung deutlich. Bis zu dieser Zeit war die Untersuchung der präödipalen Entwicklungsphasen von der Geburt bis zum vierten bis fünften Lebensjahr auf die frühe Mutter-Kind-Beziehung konzentriert. Nach den damals vorherrschenden Theorien erlangten Väter erst im Vorschulalter eine zentrale Bedeutung für die psychische Strukturbildung des Kindes.

Die Beschränkung der Forschung auf die frühe Mutter-Kind-Dyade bedeutete nicht nur eine erhebliche Verzögerung in der Vaterforschung, sondern leistete in verhängnisvoller Weise einem ganzen System von Vorurteilen und einseitigen Schuldzuschreibungen Vorschub, das Generationen von Müttern auf das Prokrustesbett einer pathologischen Mütterlichkeit spannte. Nicht zu Unrecht leiten sich aus dieser Wissenschaftstradition die vehementen Reaktionen der Frauenbewegung ab, deren Auswüchse allerdings oft als pauschale Vaterschelte in Erscheinung treten.

Was besagt die Theorie von der Triangulierung? Vorläufer dieser These existierten vereinzelt seit Mitte der vierziger Jahre, als einige Analytiker die emotionale Bedeutung des Vaters auch für die präödipale Entwicklung des Kindes erkannten, insbesondere die Notwendigkeit der frühen Identifizierung des Jungen mit dem Vater vor Eintritt in die phallisch-ödipale Phase. Auch wenn der Ödipuskomplex weiterhin die Auffassungen von der psychosexuellen Reifung sowohl bei Mädchen wie bei Jungen beherrschte, setzte sich langsam der Begriff der Triade durch. Die Meinung darüber schwankte, ab welchem Zeitpunkt die nachgeburtliche Symbiose zwischen Mutter und Kind durch die Einführung eines Dritten, des Vaters, aufgelöst und die Dyade zur Triade umgewandelt wird.

Erst Anfang der sechziger Jahre gelang ein erster Durchbruch im Verständnis der komplexen Zusammenhänge durch die Erkenntnisse der Arbeitsgruppe um Margaret Mahler.[1] Die Autoren gingen von der faszinierenden Frage aus, wie es dem Kind gelänge, sich aus der frühen Symbiose mit der Mutter zu befreien und seine eigene Individuation einzuleiten. In langjährigen Direktbeobachtungen von Kindern in den ersten drei Lebensjahren und ihren Müttern gelang es ihnen, die einzelnen Phasen dieses subtilen Ablösungsprozesses detailliert zu beschreiben. Von entscheidender Bedeutung für den späteren Entwurf der Theorie von der Triangulierung wurde die dritte und vierte Phase, die auf die beiden ersten, die autistische und die symbiotische Phase, folgen. Die dritte, die »Separationsphase«, liegt zwischen dem neunten und vierzehnten Lebensmonat. In ihr beginnt sich das Kind schrittweise von der Mutter zu lösen und die Außenwelt, zu der jetzt auch der Vater gehört, zu erkunden. Das Organisationsniveau in der Persönlichkeitsentwicklung ist aber zu diesem Zeitpunkt noch zu instabil, um die Trennung von der Mutter gradlinig fortzusetzen. Vielmehr kommt es durch angstauslösende Faktoren bei der Außenwelterfahrung zu einer »Wiederannäherung« an die Mutter. Diese vierte Phase reicht etwa vom fünfzehnten bis zum vierundzwanzigsten Monat. Dabei gerät das Kind in eine »Wiederannäherungskrise«, weil jetzt der zentrale Konflikt aufbricht, entweder erneut mit der Mutter symbiotisch zu verschmelzen oder den endgültigen Schritt zur Separation und Individuation zu tun. Es handelt sich hierbei um den grundlegenden Konflikt zwischen Regression und Progression, der als existenzielles Prinzip das gesamte Leben durchzieht und von jedem Einzelnen im Sinne einer ausgewogenen Balance beider Strebungen immer wieder gelöst werden muss. Für das Kind lösen die widersprüchlichen Bedürfnisse einen schweren Ambivalenzkonflikt aus. Dem unbedingten Verlangen nach dem primären Liebesobjekt (die »gute« Mutter) steht ein zerstörerischer Hass auf die Mutter entgegen, die angeblich oder real die Ablösung verhindert (die »böse« Mutter).[2]

An dieser Weiche für die Lösung des existenziellen Lebenskonfliktes setzt die Theorie von der Triangulierung an. Auch wenn das Kind den Vater schon vor der Wiederannäherungsphase, also bereits im ersten Lebensjahr, als eigenes, von der Mutter und sich selbst getrenntes Objekt wahrnimmt und mit

Gefühlsbindungen besetzt, kommt er erst in dieser Phase zu seiner eigentlichen Geltung. Zur Überwindung der Ambivalenzspannung braucht das Kind eine weitere Person. Da der Vater in geringerem Maß von der kindlichen Ambivalenz betroffen ist, eignet er sich leichter als gutes und Schutz bietendes Objekt, an das sich das Kind anlehnen kann. Dadurch hilft er ihm, seine symbiotischen Wünsche an die Mutter aufzugeben und sich aus der engen Bindung an sie zu lösen. Mit diesem Schritt wird auch der kindliche Hass auf die Mutter neutralisiert, wodurch sie ebenfalls als überwiegend gutes Objekt angenommen und verinnerlicht werden kann.

Nichtfachleute sprechen in diesem Zusammenhang gerne von einer »Pufferfunktion« des Vaters, die dem Kind die Überwindung seiner Ambivalenz und seiner Trennungsangst erleichtert und eine zu starke Bindung an die Mutter verhindert. Das ist zu einfach. Das Entscheidende im Triangulierungsprozess ist die Möglichkeit des Kindes, zwei voneinander getrennte Objekte zur Verfügung zu haben, ein Mutterbild und ein Vaterbild, die ihm gemeinsam die Überwindung der Symbiose ermöglichen. Erst im Kontrast zu beiden Objekten kann es jetzt ein eigenes Selbstbild aufbauen, das heißt sich als getrenntes und eigenständiges Wesen erfahren. Dieser Reifungsschritt ist die notwendige Voraussetzung zur weiteren Individuation.

Viele Forscher betonen, wie wichtig die Triangulierung speziell für den Jungen ist. Er braucht mehr als das Mädchen die Identifizierungsmöglichkeit mit dem Vater und seine Hilfe, sich aus der Verschmelzung mit der Mutter zu lösen.

Die theoretischen Überlegungen bilden wichtige Grundlagen zum Verständnis der Psychologie des Sohnes wie der des späteren Vaters. Besonders für den Sohn entscheidet die Triangulierung schon lange vor der ödipalen Auseinandersetzung über die psychosexuelle Identitätsfindung als Mann. Außerdem ist einleuchtend, dass der spätere Ödipuskonflikt besonders dann aufbrechen wird oder überhaupt erst in Erscheinung tritt, wenn die Vater-Sohn-Beziehung bereits in der Frühphase, also schon vor dem zweiten Lebensjahr, stärkeren Störungen unterworfen war.

Etwas Entscheidendes muss noch ergänzt werden. Das Konzept der Triangulierung erklärt plausibler als frühere Annahmen ein Entwicklungsphänomen, das als »Über-Kreuz-Identifikation« bezeichnet wird. Erst wenn das Kind beide Eltern als selbstständige Objekte verinnerlicht hat, besteht die Möglichkeit, sich nicht nur mit dem gleichgeschlechtlichen, sondern auch mit dem gegengeschlechtlichen Elternteil zu identifizieren. Neben dem Faktor einer angeborenen Androgynität beider Geschlechter bewirkt die Über-Kreuz-Identifikation eine psychische Verankerung dieses Prinzips. Das Mädchen wird durch Identifikation mit dem Vater auch männliche Anteile in sich entwickeln, wie der Junge umgekehrt durch Identifikation mit der Mutter weibliche Strukturen ausbauen kann. Eine gesunde psychosexuelle Identität, ob als Frau oder Mann, setzt eine optimale Verteilung beider Identifikationsmuster voraus, die zu inneren Selbstanteilen, so genannten Repräsentanzen weiblicher und männlicher Art, umgebaut werden.

Die Bedeutung des Triangulierungskonzeptes wurde durch die Einführung der Systemtheorie in die Familienforschung unterstrichen, die im gleichen Zeitraum, etwa seit zwei Jahrzehnten, viele psychoanalytische Annahmen revolutioniert hat. Diese gingen ursprünglich von den innerseelischen Prozessen im Individuum aus und erweiterten dieses Konzept später um die Beziehung, die der Einzelne zur Welt seiner Objekte aufbaut (Intersubjektivität). Die Systemtheorie brachte insofern eine entscheidende Ergänzung zu den Objektbeziehungstheorien, als sie durch das gründliche Studium von Familien Regeln und Gesetze formulieren konnte, nach denen die Familie als in sich geschlossenes System funktioniert.

Auf das Triangulierungskonzept angewandt, bedeutet das zum Beispiel, dass Mutter Vater und Kind oder Kinder als Teile einer Einheit aufgefasst werden können, in der jedes Teil in seinem Verhalten möglichst harmonisch auf die anderen Teile bezogen sein muss, um das Gleichgewicht des Systems in einer ausgewogenen Balance zu halten. Konkret würde dies voraussetzen, dass die Mutter eine »good enough mother«, eine »ausreichend gute Mutter« ist, wie Winnicott es nennt, die sich empathisch auf die Bedürfnisse des Kindes einstellt und mit Einfühlung, Verständnis und Förderung die schwierigen Entwicklungsschritte zwischen Symbiose, Separation und Wiederannäherung begleitet. Ähnliche Bedingungen müsste der Vater in seiner emotionalen Bezogenheit auf das Kind erfüllen, um ihm die Loslösung von der Mutter zu erleichtern. Entscheidend im Sinne der Systemregeln ist aber auch die Beziehung der Eltern untereinander. Nur wenn der Mann seiner Frau das Gefühl der Zuneigung und der Akzeptanz ihrer Mutterrolle vermittelt, befindet sich diese in einem inneren Gleichgewicht und wird das Kind umso weniger als Ersatzobjekt an sich binden. Wenn die Frau ihrerseits ihrem Mann die Liebe nicht entzieht, indem sie sie zum Beispiel auf das Kind verlagert, und ihn in seiner Vaterschaft bestätigt, wird er seine Rolle konfliktfreier übernehmen können. Idealtypisch handelt es sich also um einen Kreislauf wechselseitig positiver Bezogenheit, der das System funktionsfähig erhält.

Bei allen Theorien im Bereich menschlicher Beziehungen muss man sich dessen bewusst bleiben, dass sie einen Normalitätsbegriff zu formulieren versuchen, den es nur in der Abstraktion geben kann. Damit folgt auch die Wissenschaft dem Wunschtraum der Menschheit von einem harmonischen Leben, der in allen Kulturepochen beschworen wurde, ob im Ritus, in der Magie, im Aberglauben, in der Religion, im Beobachtungslabor oder auf der Couch des Therapeuten. Die Suche nach Glück war immer ein Nein, ein Widerstand, ein Aufbegehren gegen die Realität des Unglücks, eine Verleugnung der Schattenseiten menschlicher Existenz. Der Stein der Weisen wurde nie gefunden.

Die zitierten Theorien über die Entwicklung im frühen Kindesalter vermitteln daher gleichzeitig eine Ahnung von der Anzahl störender Einflüsse, die einen gesunden Reifungsprozess behindern können. Sie werden hier nicht im Einzelnen beschrieben, weil sie von der Absicht ablenken würden, Grundannahmen über die psychische Entwicklung unter durchschnittlich zu erwartenden Bedingungen zu erörtern.

Die dargestellten Unterschiede zwischen Jungen und Mädchen in der frühen Kindheit brechen erst durch den Sprung in die Pubertät mit der sexuellen Ausdifferenzierung der Geschlechter in ihrer ganzen Tragweite auf.

Der Austausch zwischen Antonia und Alexander über Fragen ihrer persönlichen Geschichte hat uns bereits für die Besonderheiten sensibilisiert, die im Einzelfall beim Schicksal jedes Jungen und späteren Vaters zu bedenken sind.

II.

Männliche Pubertät und das Problem der Aggression

Entwicklungsgesetze, so sahen wir, die Lebensverläufe generalisierbar und vorhersagbar machen könnten, gibt es nicht. Dazu ist die Vielfalt der Möglichkeiten, die einer Biografie die eine oder andere Richtung geben, zu groß.

Aber es gibt Entwicklungsaufgaben, die jeder Mensch unabhängig von unvorhersehbaren Ereignissen schrittweise bewältigen muss, um sein Leben durch Beruf, Freundschaften, Partnerschaften und soziale Integration zu organisieren. Die Entwicklung der Kindheit stellt dafür wichtige Bausteine zur Verfügung. Aber erst Pubertät und Adoleszenz werden zum Prüfstein, ob der Übergang ins Erwachsenenalter ausreichend sicher gelingt. In diese Zeit fällt der wohl gewaltigste Umbruch in den Lebenszyklen zwischen Geburt und Tod. Dabei kommt es zum Zusammenprall tief greifender innerer Veränderungen mit grundlegend neuen Anforderungen der äußeren Realität. Die inneren Veränderungen sind in erster Linie durch den enormen Triebschub in diesen Entwicklungsphasen bedingt, der die Geschlechtsreife einleitet. Damit wird die Kindheit endgültig verabschiedet, und der Jugendliche betritt ein unbekanntes Gelände, über das er unausweichlich in die Welt der Erwachsenen hinüberwechseln muss.

In der frühesten Kindheit hatten wir die ersten Schritte zur Individuation und zu einem eigenen Selbst beobachtet. Sie waren durch emotionale Bindungen an die ersten Liebesobjekte und vor allem durch Identifikationen mit ihnen zustande gekommen. Solche Identifikationen begleiten jeden Menschen weit über die Kindheit hinaus, aber in ihr differenziert sich bereits aus der Summe dieser Erfahrungen das Gefühl für die eigene Identität. In der Pubertät kommt es nun, wie Erikson es am treffendsten beschrieben hat, durch den enormen Triebschub und die völlig neuen Außenanforderungen regelrecht zu einer Identitätskrise.[3] Sie ist das Ergebnis zahlreicher Veränderungen. Das Körperwachstum nimmt in dieser Zeit sprunghaft zu; gleichzeitig differenzieren sich die Geschlechtsorgane und nehmen ihre Funktion auf; damit wandelt sich die Wahrnehmung für den eigenen Körper, das Körper-Ich wird umstrukturiert. Ab jetzt überfluten sexuelle Impulse das sinnliche Erleben, und der Aggressionspegel bei Jungen steigt bedrohlich an. Auf diese Veränderungen ist das Ich nicht vorbereitet; es hat noch nicht die notwendigen Abwehr- und Anpassungsmechanismen entwickelt, um diesen Triebaufbruch und die ihn begleitenden Gefühle unter Kontrolle zu bekommen.

In dieser Situation ist der Junge zusätzlich mit radikalen Forderungen der Außenwelt konfrontiert. Da seine kognitiven Fähigkeiten gewachsen sind und sein Weltverständnis erweitert haben, soll er sich jetzt »erwachsen« und »männlich« verhalten, soll Werte und Normen der Gesellschaft verinnerlichen, sich für einen Beruf entscheiden, Verantwortung zu übernehmen lernen und schließlich heterosexuelle Bindungen eingehen, die ihn zum ersten Mal mit Fragen der Sexualität konfrontieren. Solchen ausgesprochenen oder unausgesprochenen Anforderungen fühlt er sich häufig noch nicht gewachsen. Er verliert die Orientierung, weiß nicht mehr, wer er ist, wo der Sinn des Lebens liegt, welchen Beruf er ergreifen soll und wie sich die Zukunft gestaltet. Alles gerät durcheinander. Im Rahmen dieser Identitätskrise kann es zur zeitweiligen Auflösung der Ich-Grenzen kommen, zu einer Identitätsdiffusion. Diese macht die starken sexuellen und aggressiven Triebkräfte umso gefährlicher.

Literarisch sind diese Umbrüche der Pubertät mit subtiler psychologischer Einfühlung und Präzision von Musil in seiner Erzählung »Die Verwirrungen des Zöglings Törless« beschrieben worden.[4] In der Geschichte von vier Internatsschülern stößt man auf das innere und äußere Inferno der pubertären und adoleszenten Reifungskrise. In ihr gerät die Welt aus den Fugen. Man versteht die Menschen nicht mehr und fühlt sich nicht verstanden. Philosophische Spekulationen, Rätsel, Fragen, Zweifel und mystische Glaubenssysteme sollen dem Zerfall vorbeugen. Ersatzfantasien über das Hohe, Heilige und Hehre wechseln mit dem Angezogensein durch das Niedrige, Gemeine und Gewöhnliche. Die innere Zerrissenheit nimmt unter dem Anprall widerstreitender Kräfte zu: Geist oder heftig entfachte Sinnlichkeit, Askese oder ausschweifende Fantasien und Praktiken im Rahmen hetero- und homosexueller Obsessionen. Schuld- und Schamgefühle treiben den Jugendlichen um. Fremdheit und Einsamkeit verwandeln sich in Hass, und der aus Sexualität und Aggression gemischte Selbsthass entlädt sich in sadistischen Fantasien oder Handlungen an schwachen Opfern. Die Perversion der Macht. Auf dem Höhepunkt solcher »Verwirrungen« löst sich das Gefühl für die eigene Identität auf. Die Diffusion der Ich-Struktur hinterlässt tiefe Ratlosigkeit und Hoffnungslosigkeit darüber, wie man seinen Ort in dieser Welt finden soll.

Musil macht nicht zufällig die unheilvolle Legierung von Sexualität und Aggression in der männlichen Pubertät und Adoleszenz zum Hauptthema seiner Erzählung. Hier dürfte der entscheidende Unterschied in der psychosexuellen Identitätsfindung zwischen Jungen und Mädchen liegen. Damit ist auch die zentrale Entwicklungsaufgabe benannt, vor der Jungen in diesen Lebensabschnitten stehen. Die Verabschiedung der Kindheit bedeutet den Verlust der Unschuld, das Land der Erwachsenen zu betreten bedeutet die Akzeptanz eigener Sexualität und Aggression.

Besonders das Thema Aggression macht einen breiteren Exkurs notwendig, zumal dieses Problem in der Vaterforschung nahezu vollständig ausgeblendet wird. Ohne dessen Berücksichtigung muss aber jede Analyse zur Psychologie des Vaters fehlgehen. Ausgangspunkt soll die Frage sein, wie sich die Aggression von Jungen und Mädchen, von Männern und Frauen unterscheidet. Um in die Fragestellung einzuführen, benutze ich ein längeres (hier leicht gekürztes) Zitat aus einem Aufsatz von Margarete Mitscherlich zum Thema »Aggression und Geschlecht«.[5]

»Gibt es überhaupt eine männliche und eine weibliche Aggression? Die Antwort meiner mit der psychoanalytischen Theorie identifizierten Kollegen müsste meines Erachtens lauten: „Ja, es gibt einen Unterschied (…) Die Aggression der Frauen ist (…) mehr nach innen gewendet, mehr masochistisch als sadistisch, indirekter. Ihr Über-Ich ist ›schwächer‹, leichter beeinflussbar, aber auch weniger zu Projektionen neigend; Neid pflegt ihr Selbstgefühl tiefer zu unterminieren als das des Mannes, Eifersucht spielt bei ihr eine besondere Rolle, aber sie ist weniger mit Rivalitätsaggression verbunden als die des Mannes, sondern ist verborgener, geht häufiger mit Vorwürfen einher. Ihr ›schwaches‹ Über-Ich prädestiniert sie weniger zu Sublimierungen ihrer Triebe, das heißt weniger zu wissenschaftlichen und kulturellen Leistungen. Ihre Moral und Sittlichkeit richten sich nach äußeren Geboten, also nach den Vorschriften der Männer und der von ihnen dominierten Gesellschaft. Aber wegen der Affektnähe ihres ›schwachen‹ Über-Ich kann es bei Frauen zu plötzlichen, ungehemmten Aggressionen kommen (…).«

Das Zitat enthält die gängige Begrifflichkeit, mit der die Psychoanalyse die unterschiedlichen Aggressionen zwischen den Geschlechtern beschreibt.

In dem Zitat von Margarete Mitscherlich stoßen wir auf die Tatsache, dass in der Theorienbildung biologische Faktoren kaum berücksichtigt werden. Da der Mensch aber nicht nur ein psychosoziales, sondern auch ein biologisches Wesen ist, seien den folgenden Überlegungen einige Grundtatsachen biologisch-konstituioneller Wachstumsgesetze vorangestellt.

Es ist bekannt, dass der Dimorphismus, die Zweigeschlechtlichkeit, der beiden Geschlechter bereits mit der Befruchtung festgelegt wird. Erst die Pubertät treibt aber die Geschlechtlichkeit zu ihrer Blüte. Die Kräfte für das Herausbrechen aus dem Knospenstadium bilden die Sexualhormone: die Östrogene beim Mädchen, die Androgene, hauptsächlich das Testosteron, beim Jungen. Sie sorgen für die Funktionsfähigkeit der primären Geschlechtsorgane, die der direkten Fortpflanzung dienen (Eierstöcke, Gebärmutter, Scheide; Hoden, Nebenhoden, Samenwege, Penis). Zweitens leiten sie die Differenzierung der sekundären Geschlechtsmerkmale ein, wie Brustwachstum, Behaarungstyp, Stimmgebung u. a. Entscheidend aber für den hiesigen Zusammenhang sind die tertiären Geschlechtsmerkmale, die bei der Diskussion dieser Geschlechtsunterschiede in der Regel unbenannt bleiben. Zu ihnen zählen als wichtigste: Größe, Gewicht, Muskelstatus, Knochenbau und Energieverbrauch.

Dazu einige Daten: Bis zum Beginn der Pubertät bestehen zwischen Jungen und Mädchen in Bezug auf Größe, Gewicht, Kalorien- und Proteinbedarf keine Unterschiede. Zwischen dem dreizehnten und fünfzehnten Lebensjahr zeichnen sich die ersten Verschiebungen ab, die danach bis zur Ausreifung des Organismus kontinuierlich zunehmen. Ausgewachsene Männer sind durchschnittlich 13 Zentimeter größer als Frauen, wiegen knapp 10 Kilogramm mehr und haben einen weitaus höheren Kalorien- und Proteinbedarf. Proteine (Eiweiße) sind die wichtigsten Baustoffträger des Organismus, insbesondere für den Knochen-, Muskel- und Gewebeaufbau. Männer besitzen eine wesentlich größere Muskelmasse und ein festeres Knochengerüst als Frauen. Diese Unterschiede sind stark durch den Einfluss des Testosterons bedingt. Neben seiner wichtigen Funktion zur Libidosteigerung besitzt dieses Hormon ausgeprägte Eigenschaften zur Anregung des Stoffwechsels und zum Aufbau von Eiweißkörpern. Außerdem hat es eine erhebliche aktivitätssteigernde Wirkung. Das weibliche Sexualhormon Östrogen dient ebenfalls der Libidosteigerung; sein Einfluss auf das allgemeine motorische Aktivitätsniveau wirkt dagegen eher passivierend.

Diese Unterschiede in den anatomischen und physiologischen Voraussetzungen zwischen Männern und Frauen sind von eminenter Bedeutung für das Verständnis männlichen Verhaltens, für Aktivität, Sexualität und Aggression.

Der Anthropologin Doris F. Jonas verdanken wir einen Essay über die »biologischen Faktoren« beim »Aufstieg und Niedergang weiblicher Macht«, so der Titel. Darin geht sie der Frage nach, wodurch es zu den charakteristischen Unterschieden zwischen weiblicher und männlicher Größe und Kraft bei den Primaten gekommen ist. Aus zahlreichen anthropologischen Forschungsergebnissen gelangt sie zu dem Schluss, dass sich im Laufe vieler Millionen Jahre das Gesetz der Stärke bei Männchen durch deren ständige Konkurrenz- und Rivalitätskämpfe um die Gunst der Weibchen herausgemendelt hätte. Auch bei den frühen Homo-Populationen seien die Rangkämpfe um Dominanz hauptsächlich wegen der Begattungsrechte geführt worden.[6]

Unabhängig von solchen Hypothesen ist hier nicht beabsichtigt, die modernere Debatte über die Ursachen der Aggression zu rekapitulieren. Die Alternative, ob angeboren oder durch Umwelteinflüsse erworben, lässt sich heute nach allen vorliegenden Forschungsergebnissen dahingehend auflösen, dass es ein angeborenes, aggressiv-motorisches Potenzial gibt, das unter dem Einfluss positiver oder negativer emotionaler Erfahrungen, Vorbilder und Lernprozesse in verschiedene Richtungen gelenkt werden kann. Der Begriff Aggression leitet sich von dem lateinischen Verb ad-gredere ab, das im wertneutralen Sinne »an eine Sache herangehen, auf etwas zugehen, etwas in Angriff nehmen« bedeutet. In diesem Sinne ist für jede normale Handlung Aggression notwendig. Zur genaueren Bestimmung hat sich die Unterscheidung zwischen konstruktiver und destruktiver Aggression durchgesetzt. In jedem Fall ist Aggression in ihrer ursprünglichen Aufgabe an motorische Körperfunktionen gebunden; ihr Hauptträger ist der Bewegungsapparat mit Muskulatur, Knochen und Gelenken. Die Aggression mittels der Sprache schwächt den motorischen Impuls lediglich ab, sie entspricht einem Sublimierungsvorgang, der aber in seinen Begleitphänomenen von Mimik, Gestik, Lautstärke und vegetativen Reaktionen seine Herkunft aus der Motorik noch unschwer erkennen lässt.

Aus den physiologischen Daten über die Unterschiede zwischen Jungen und Mädchen in der Pubertät ist wohl deutlich geworden, dass es neben der aufkeimenden Sexualität hauptsächlich das sprunghafte Wachstum der Körpergröße, der Körperkraft und damit der Aggressionsfähigkeit ist, das beim

Jungen die Turbulenzen der Pubertäts- und Identitätskrise mitbestimmt. Körperveränderungen von ähnlich radikaler Tragweite finden bei Mädchen trotz der einschneidenden Veränderungen durch Menstruation, Busenwachstum und Östrogeneinflüsse nicht statt. Daher dürfte die Pubertätskrise bei ihnen durchschnittlich milder verlaufen. Zum Beispiel bezieht sich die geläufige Sprachwendung »nicht wissen, wohin mit der Kraft« in der Regel auf Jungen. So harmlos die Formulierung klingt, bekommt sie im Rahmen ihrer Entwicklungsaufgaben in dieser Zeit ein besonderes Gewicht. Wohin mit der Kraft? Es gibt zahlreiche Möglichkeiten, die »unbändige« und »überschüssige« Kraft zu »stählen«. Sport, ob als Kraft-, Leistungs- oder Freizeitsport oder Abenteuer bis an die Grenze vitaler Lebensgefährdung, bietet konstruktive Möglichkeiten, die Kraft zu kanalisieren und ihr aggressives Potenzial in »friedliche« Bahnen zu lenken.

Aber die Selbstzweifel, Kränkungen, Enttäuschungen und die Orientierungslosigkeit in dieser Zeit summieren sich hier zu einem Frustrationspegel, der die konstruktive Energie leicht in destruktive Aggression umschlagen lässt. Kriminalität und Gewalt steigen bei Jungen, besonders unter dem Druck zusätzlicher gesellschaftlicher Krisen, ab der Pubertät sprunghaft an. Männliche Jugendliche unterscheiden sich in der psychotherapeutischen Praxis stark von Mädchen in der Pubertät. Während bei Letzteren seelische und psychosomatische Symptome vorherrschen, die auf unbewältigte, nach innen verlagerte Konflikte hinweisen, dominieren bei Jungen dissoziale Störungen. Verhaltens- und Kontaktprobleme, Schwierigkeiten in der sozialen Gemeinschaft, Schuleschwänzen, Weglaufen und andere Zeichen einer beginnenden Verwahrlosung sind meistens Ausdruck unverarbeiterer, nach außen gerichteter Konflikte, die den unverkennbaren Stempel von Aufruhr, Widerstand und Verweigerung als Zeichen nicht integrierter Aggression tragen.

Die direkte Gewalt, die körperliche Brutalität und die Tötungslust waren schon immer und werden immer eine Domäne des Mannes sein, ob in der Familie, in der Gesellschaft oder im Krieg. Das ist seine Natur. Das Fatale daran ist, dass im Laufe der Geschichte sein körperliches Primat auch kulturell festgezurrt wurde. Es ist diese ganze Last des phylogenetischen Erbes und seiner kulturellen Ausformungen, mit der bereits der Junge durch den Triebschub der Pubertät konfrontiert wird. Er muss in dieser Zeit ein immenses Aggressionspotenzial verarbeiten und in seine Person integrieren. Hierin scheint mir eine wichtige Akzentverschiebung gegenüber der psychoanalytischen Theorie notwendig. Nach ihr datiert die Bewältigung des aggressiven Triebschicksals hauptsächlich in der so genannten »analen Entwicklungsphase« (2. bis 3. Lebensjahr). In dieser Phase kommt es zum ersten Mal zu einem sprunghaften Anstieg der motorisch-aggressiven Fähigkeiten, die auf der psychischen Ebene mit der Entwicklung von Trotz, Widerstand, Machtgefühlen, Autonomie und eigenem Willen korrespondieren. Die Entwicklungsaufgabe in dieser Zeit besteht darin, die expansiven, willkürlichen und aggressiven Triebstrebungen schrittweise in die sich noch festigenden Ich-Strukturen einzubauen, die jetzt die steuernden Funktionen für die Triebkräfte übernehmen und sie als konstruktive Energie in sozial akzeptierte Bahnen lenken. Diese Entwicklungsaufgabe besteht jedoch für Jungen und Mädchen in gleicher Weise, da sie sich in der analen Phase hinsichtlich Triebstärke und ihren seelischen Korrelaten nicht unterscheiden.

Demgegenüber schafft die Pubertät besonders für Jungen völlig neue Anforderungen an das Ich, seine Herrschaft über die aufbrechenden Naturkräfte zu sichern. Denn in dieser Phase muss nicht nur die gewaltige Zunahme von Aggression bewältigt werden, sondern, wie wir gesehen haben, ebenso die Sexualität, die erst unter dem Diktat der Geschlechtsreife ihre gefährliche Macht zu behaupten beginnt. Die Aggression und die Sexualität, diese beiden eng verschwisterten Kräfte der Natur, wissen sich einig in ihrem Widerstand gegen jede kulturelle Unterjochung. Erst in der Pubertät tritt dieser lebenslange Kampf zwischen Natur und Kultur in seine eigentliche und dramatische Phase.

Psychologisch lässt sich der Sachverhalt etwa so zusammenfassen: Der Junge hat seine schwierige Entwicklungsaufgabe in der Pubertät und Adoleszenz dann gelöst, wenn er die »Verwirrungen« in dieser Phase überwunden hat und es seinem Ich mithilfe des kulturell geformten Über-Ich gelungen ist, die beiden Triebkräfte so weit zu zügeln und miteinander zu versöhnen (die so genannte »Triebmischung« bei Freud), dass sein Eintritt in das Mannesalter auf einem möglichst niedrigen Konfliktniveau möglich ist. Nur so wird er den dort wartenden Entwicklungsaufgaben gewachsen sein.

III.

Zur Berufsidentität des Mannes

Pubertät und Adoleszenz waren nicht nur Krise und Verwirrung. Aus der neu gewonnenen Kraft entsprang ein revolutionärer Geist, wie er für jede junge Generation typisch ist. Er wurde in den Dienst von Protest und Widerstand gegen die Werte und Normen von Familie und Gesellschaft gestellt. Auf der Suche nach eigenen Regeln und Zielen entstanden kühne Entwürfe, das Leben in einer von Freiheit und Selbstbestimmung geprägten Zukunft zu gestalten. Dieses romantische Ideal einer geglückten Synthese von Natur und Geist, von Ungebundenheit und Geborgenheit in der sozialen Gemeinschaft musste zwangsläufig an den Grenzen scheitern, die jedes gesellschaftliche System dem jugendlichen Eigensinn entgegenstellt. Die Initiation, der Übergang von der Jugend ins Erwachsenenalter, muss mit dem Verlust vieler Ideale und Illusionen erkauft werden. Vor allem aber fordert sie die Beherrschung der beiden Naturkräfte aus Sexualität und Aggression in dem von jeder Kultur vorgeschriebenen Rahmen. Die damit verbundenen Verzichte werden trotz aller Verdrängungsleistungen und Anpassungsbemühungen nicht ohne Folgen bleiben, wenn die Triebkräfte nicht durch Sublimierung auf nützliche Ziele gelenkt werden können.

Irgendwann hat der Heranwachsende den Erwachsenenstatus erreicht. Als Mann kann er sich erst fühlen und wird als solcher anerkannt, wenn er seine Berufsfindung abgeschlossen und die Rolle übernommen hat, die ihm nach seinen sozialen Voraussetzungen, seinen individuellen Begabungen und Interessen und den jeweiligen gesellschaftlichen Bedingungen zugewiesen wurde. Mit einigem Glück hat er aus den zahlreichen Alternativen den Beruf erlernen können, mit dem er sich für die Dauer seines Lebens identifizieren kann. Die Berufsidentität des Mannes als von Kindheit an verinnerlichter Lebensauftrag war, ist und wird immer das Zentrum sein, auf das er seine Hauptidentität gründet. Um sie herum baut er seine anderen Teilidentitäten auf. Dass berufliche Arbeit auf der materiellen Ebene in erster Linie der lebensnotwendigen Selbsterhaltung dient, ist zu selbstverständlich, um diese Tatsache im Zusammenhang mit den hier angestellten psychologischen Überlegungen weiter zu vertiefen.

Die Anthropologin Jonas beschreibt die Anfänge sozialer Bindungen beim Mann aus der Urgeschichte menschlicher Gemeinschaften. Nach ihrer Auffassung stand im Mittelpunkt der matriarchal organisierten Gruppe die Mutter als Gebärende und als Hüterin des Nachwuchses. Wie bei den Primaten war am Beginn der Hominisation die Mutter in einer reichhaltigen Natur noch selbst in der Lage, durch Sammeln von Pflanzen und Kleingetier die notwendige Nahrung für sich und die Kinder herbeizuschaffen. Da die wichtigste Aufgabe jeder Gruppe in der Sicherung des Überlebens durch die Erzeugung von Nachwuchs besteht, wäre die Funktion des Mannes lediglich auf den Begattungsakt reduziert geblieben, wenn er sich nicht andere Aufgaben gesucht hätte. Dies war notwendig, weil eine Gruppe aus systemischer Sicht die Tendenz hat, Mitglieder ohne dauerhafte Funktion innerhalb des Systems auszuschließen. Daher waren die Männer gezwungen, sich Funktionen zu suchen, um wenigstens an der Peripherie des matriarchalen Systems überleben zu können. Dort genau wurden sie gebraucht, um die Gruppe vor den Gefahren der Außenwelt zu schützen. Indem sie sich auf diese Weise unentbehrlich machten und mit den Gruppeninteressen zu identifizieren lernten, entstanden die ersten sozialen Bindungen.[7]

Dieses Modell erscheint bei aller Ungewissheit über die Richtigkeit solcher Rekonstruktionen urzeitlicher Sozialisation für die Erklärung des sozialen Rollenverständnisses des Mannes und seiner Berufsidentität recht bestechend. Gruppe im ursprünglichen Sinne war nicht eine Groß- oder Kleinfamilie, sondern die Horde. Beschützerfunktionen und das über Identifikationen entstandene Gefühl der sozialen Verantwortung entwickelten sich in Bezug auf die Gesamtgruppe. Der mütterliche Zuständigkeitsbereich galt dagegen dem Subsystem der Kinder.

Diese Wurzeln mögen noch einen wichtigen Bestandteil der inneren Gesetze repräsentieren, an denen der Mann seine Berufsidentität ausrichtet. Wenn er einer sozialen Gemeinschaft angehören will und mit ihr identifiziert ist, muss er eine Funktion ausüben, die ihren Systemregeln entspricht. Dabei dient die Funktion in erster Linie dem Erhalt des Gesamtsystems. Schon von Kindheit an verinnerlicht der Junge den kategorischen Imperativ, »ein nützliches Mitglied der Gesellschaft« werden zu müssen. Nützlich sein kann er nur durch einen Beruf, der allen hilft. Daraus speist er seine Identität und sein Selbstgefühl, daraus zieht er seine soziale Anerkennung. Auf die das Selbst stabilisierende Funktion des Berufs verzichten zu müssen oder zu sollen, würde zwangsläufig zu einer Identitätskrise führen.

Der verbreitete Vorwurf von Frauen an Männer: »Erst kommt dein Beruf, dann kommen die Kinder, und erst dann komme ich« erlaubt daher nur die volle Bestätigung. Alle Ausreden, Vertröstungen und Leugnungen wären Lügen. Zuerst kommt der Beruf. Er ist der Grundpfeiler männlicher Identität. Durch den Beruf befolgt der Mann die verinnerlichten Normen von gemeinsamer Verantwortung und Schutz der Gemeinschaft durch fachliche und soziale Kompetenz. Die Erfüllung seiner Aufgaben verankern ihn als Teil in einem Gesamtsystem und begründen seinen sozialen Status, der auf der psychischen Ebene sein soziales Ich repräsentiert.

An zweiter Stelle kommen die Kinder. Sie bilden ein Subsystem der Gesellschaft und sind in besonderer Weise vom Schutz des Mannes abhängig. In der Verantwortung für sie erfüllt der Mann sowohl seine gesamtgesellschaftliche Funktion als auch seine private Rolle als Vater, wie auch die Mutter im Gebären und Ernähren des Nachwuchses diesem Doppelaspekt von öffentlichem und privatem Rollenauftrag folgt.

An dritter Stelle kommt die Frau. Sie gehört am ehesten zur Privatsphäre des Mannes und benötigt als autonome und gleichberechtigte Partnerin, zumal dann, wenn sie selbst berufstätig ist, in geringerem Maße als die Kinder seine Schutz- und Versorgungsfunktionen.

Das oft traurige Missverständnis zwischen Frauen und Männern beruht darauf, dass Frauen diese kulturell angeeigneten Normen und Werte in der Regel weniger stark verinnerlicht haben und sie deswegen nicht so streng von ihren privaten Interessen und emotionalen Bedürfnissen trennen müssen. Das stärkste emotionale Bedürfnis ist die Liebe. Berufstätigkeit und Liebe schließen sich für den Mann nicht aus. Aber durch die unterschiedliche Wertung deuten Frauen das berufliche Engagement des Mannes häufig als Mangel an Liebe, erleben es leicht als Liebesverlust. Nur nach der Liebe gefragt, würde sich die Reihenfolge umkehren: zuerst die Frau, dann die Kinder, dann der Beruf. Bei dieser Gefühlswertung kommt man aber nicht um die Tatsache herum, dass der Ehe- und der Vaterstatus für den Mann nur Teilidentitäten stiften. Sie gehören zu den wichtigsten und sind für seine Gesamtidentität unentbehrlich; aber seine Berufsidentität ist auch ohne sie möglich. Auf sie kann er nicht verzichten, ohne sein inneres Gleichgewicht ernsthaft zu gefährden. Diese inneren Diktate, wie immer man sie bewerten mag, sind so zwingend, dass sie auch durch alle Konzessionen nicht grundsätzlich in Frage gestellt werden, die der Mann freiwillig und aus Interesse und Liebe für die Familie und die Kinder bereit ist einzugehen (Erziehungsurlaub, Teilzeitarbeit, geteilter Aufgabenbereich in der Familie u. a.).

Der Junge wird auch heute noch stärker als das Mädchen von Kindheit an darin sozialisiert, »später mal einen ordentlichen Beruf zu ergreifen«. Er weiß, dass er vom Abschluss seiner Ausbildung bis ins Rentenalter berufstätig sein wird und sein muss. Von der Familie und der Gesellschaft wird der Mann über seine Berufstätigkeit definiert. Er verinnerlicht sehr früh diese Rollendelegation und schreibt sie in seinem System von

Selbstdefinitionen als lebenslange Pflicht fest. Für die Gründung einer Familie und die Übernahme der Vaterrolle bleibt ihm dagegen ein viel größerer Entscheidungsspielraum. »Das hat Zeit.« Bei Frauen stellt sich dieser Zusammenhang anders dar. Die meisten von ihnen »wissen« viel früher als Männer, dass sie »heiraten und Kinder bekommen werden«. Das ist der tradierte Rollenauftrag für sie, der zu einem zentralen Bestandteil ihrer Selbstdefinitionen wird. Für diejenigen, die den Auftrag ablehnen und sich zunächst oder für immer über den Beruf definieren, bleibt die Entscheidung für ein Kind bis zur Lebensmitte als mögliche Option offen. Aber: »Ob sie Mutter werden will oder nicht, die Natur zwingt sie unter das Joch des unerbittlichen, unwandelbaren Rhythmus der Fortpflanzung. Der Menstruationszyklus ist eine Unruhe stiftende Uhr, die erst stillsteht, wenn es der Natur passt.«[8] Trotzdem bleibt der Frau eine Wahlmöglichkeit zwischen zwei Alternativen, wobei sie freier über die eine oder andere entscheiden kann.

Es handelt sich bei dieser Beschreibung um innere Bilder und Entwürfe, die zwischen Männern und Frauen differieren. Dass die soziale Realität solche Entwürfe häufig überrollt und dann speziell für berufstätige und alleinerziehende Mütter besondere Härtesituationen schafft, ist bekannt.

Der gesellschaftliche Rollenauftrag könnte jedoch die Berufsidentität des Mannes nicht auf Dauer stützen, wenn sie nicht durch zwei wesentliche innere Quellen gespeist würde – die sexuellen und aggressiven Energien.

Wir erinnern uns an die wichtigste Lebensaufgabe des Jungen in der Pubertät und Adoleszenz, die in ihm aufbrechenden Naturgewalten von Sexualität und Aggression in sozial nützliche Ziele einzubinden. Die Schiene, über die ihm die Aneignung seiner primären Natur und ihre Umwandlung in kulturelle Leistungen gelingt, ist der Beruf. Er schafft die idealen Voraussetzungen für die Transformation und Sublimierung seiner Triebwelt. Das ist der Nebengewinn, den die Gesellschaft daraus zieht, indem sie dem Mann den Beruf als Lebensaufgabe diktiert. In keiner anderen gesellschaftlichen

Einrichtung und Funktion lassen sich diese Kräfte besser unter Kontrolle bringen.

Wie kann man sich diesen Transformationsvorgang vorstellen? Wenn wir uns das Modell von Jonas über die soziale Einbindung des Mannes in die matriarchal organisierte Gruppe durch die Übernahme wichtiger sozialer Funktionen noch einmal vergegenwärtigen, so ergeben sich folgende Anhaltspunkte für das Kulturstreben oder hier für die Berufsmotivation des Mannes: Er war ein aus dem matriarchalen Zentrum an die Peripherie »Verbannter«. Seine sexuellen Bedürfnisse wurden von der Frau nur sporadisch befriedigt, da sie während ihrer langen Schwangerschaftszeiten und während ihrer Menstruation heilig und unberührbar war. Wenn eine Schwangerschaft der anderen folgte und die kurzen Zwischenräume von Regelblutungen unterbrochen waren, musste der Mann einen Ausweg aus seiner »Notsituation« suchen. Da seine soziale Funktion der Schutz der Gemeinschaft war, lud er sie mit seinen überschüssigen Triebenergien auf. Vielleicht war dies im Laufe der Evolution des Mannes die Geburtsstunde für seine Fähigkeit zur Transformation und Sublimierung der Triebkräfte zur Beherrschung der inneren wie äußeren Natur: Um sich von seiner »Qual« zu befreien, stellte er seine sexuellen Energien in den Dienst seiner sozialen Aufgaben, indem er diese libidinös besetzte. Camille Paglia beschreibt diesen Zusammenhang unabhängig von bestimmten Zeitepochen so: »Die Männer befinden sich in einem ständigen Zustand sexueller Unruhe, sie müssen mit dem Kribbeln der Hormone leben (…) Die Männer wissen, dass sie sexuell Verbannte sind (…) An dieser qualvollen Hektik ist nichts, worauf die Frau neidisch sein müsste (…) Die Frauen werden nicht durch den eigenen aufsässigen Leib über sich hinausgetrieben. Die Männer hingegen sind aus dem Gleichgewicht. Sie müssen streben, verfolgen, werben oder erringen (…) Männliche Aggressivität und Lustsuche sind die energieerzeugenden Kulturfaktoren. Mit ihrer Hilfe überleben die Männer in der gottlosen Unermesslichkeit der weiblichen Natur.«[9]

Abgesehen von der überspitzten Zeichnung trifft die Autorin im Kern den Sachverhalt: Die permanente sexuelle Spannung des Mannes wurde, ob früher oder heutzutage, zu einer wichtigen Voraussetzung und zum Antrieb seiner kulturellen Weiterentwicklung. Sie erst machte ihn zum Erfinder neuer Entdeckungen. Er baute einen Zaun um das Clanwesen, erfand den Gebrauch von Waffen, schmiedete Werkzeuge, ging auf die Jagd und beackerte den Erdboden. So wurde der Beruf zum Zentrum seines Lebens. Darin konnte er die ihm gesellschaftlich zugewiesenen Aufgaben erfüllen und gleichzeitig sein intrapsychisches Gleichgewicht durch eine sublimierte Triebabfuhr sichern.

Die Tragweite dieser Doppelfunktion des Berufs für die Identitätsbildung des Mannes lässt sich in vielen Verzweigungen verfolgen. Alle großen Erfindungen, alle »Eroberungen«, alle philosophischen Systeme, viele bedeutende Kunstwerke wurden von Männern geschaffen.

Eine solche modellhaft aus der Sozialfunktion des Mannes in der Urhorde begründete und sexuell deterministisch anmutende Ableitung könnte den Eindruck erwecken, als wolle sie alle Einflüsse ausschließen, die die Kulturleistungen des Mannes mitbedingt haben. Das ist nicht ihre Absicht. Sie dient vielmehr der Wiedereinführung einer Dimension menschlicher Existenz, die in der Tradition abendländischen Denkens in vielen Humanwissenschaften bis heute als verpönt gilt und aus dem Diskurs ausgeschlossen bleibt. Dass der Mensch über alle Kulturen hinweg und entgegen jeder religiösen Ethik in seinem Verhalten qualvoll an seine innere Natur geschmiedet bleibt und diese sich jedem Versuch der endgültigen Domestizierung verweigert, bedeutet eine tiefe Kränkung des Menschenbildes, das aus den Illusionen einer dem Geist verpflichteten Zeitepoche erwachsen ist. Deswegen musste die Biologie als Ausdruck des Niederen, Schmutzigen, Bösen und Ekel erregenden verbannt werden. Die kollektive Heuchelei überantwortet selbst die schlimmste Barbarei dem schnellen Vergessen. In Erinnerung an das letzte und am Beginn des neuen Jahrhunderts sind wir jedoch Zeugen eines zunehmenden Zerfalls dieser Projektionen und des Durchbruchs anarchistischer

Triebkräfte, die nicht nur die globale Politik beherrschen, sondern die sich auch bildhaft in der zeitgenössischen Kunst und Medienkultur widerspiegeln. Diese Entwicklungen machen uns bewusst: Der Mensch ist als ganzheitliches Wesen nur zu verstehen, wenn man seine Einheit aus biologischen, seelischen, geistigen und sozialen Kreisläufen anerkennt und nicht in Einzelteile aufspaltet, um einzelne von ihnen eliminieren zu können. Solange der biologische Faktor unter dem Überbau psychologischer, sozialwissenschaftlicher und politischer Theorien und Argumente begraben wird, stehen auch für das Verständnis der Geschlechterbeziehungen die Chancen für Verständigung, wechselseitige Akzeptanz und Versöhnung mit dem bestehenden Dualismus schlecht.

Mit dieser Position ist, wie bereits betont, keine Absage an die anderen Einflüsse verbunden, die die Evolution des Menschen und seine Kulturleistungen vorangetrieben haben, allen voran die spezifischen Fähigkeiten des Homo sapiens wie Sprache, Intelligenz, Abstraktionsvermögen und Gedächtnis. Dennoch gilt als gesichert, dass das menschliche Triebreservoir einen notwendigen energetischen Anteil bei der Herstellung von Kulturleistungen bereitstellt.

Für diesen Vorgang hat sich der Begriff der »Sublimierung«, der »Verfeinerung«, »Veredelung« bedeutet, durchgesetzt. Freud führte diesen Begriff in die Psychoanalyse ein und fasste den Sexualtrieb als die eigentlich treibende Kraft kultureller Leistungen auf. »Er stellt der Kulturarbeit außerordentlich große Kraftmengen zur Verfügung, und dies zwar infolge der bei ihm besonders ausgeprägten Eigentümlichkeit, sein Ziel verschieben zu können, ohne wesentlich an Intensität abzunehmen. Man nennt diese Fähigkeit, das ursprünglich sexuelle Ziel gegen ein anderes, nicht mehr sexuelles, aber psychisch mit ihm verwandtes, zu vertauschen, die Fähigkeit zur Sublimierung.«[10]

Was für die Sexualität zutrifft, gilt auch für die Aggression. Welche Rolle spielt sie in der Berufsidentität des Mannes? Dieser »liebt« nicht nur seinen Beruf und ist mit ihm »verheiratet«, um in der libidinösen oder gar erotischen Besetzung

seiner Arbeit den Überschuss an sexueller Energie zu subli-
mieren, sondern er besetzt ihn auch aggressiv. Am augenfäl-
ligsten ist dieser Zusammenhang in allen Berufen, die körperliche Kraft, Geschwindigkeit, Ausdauer und Geschicklichkeit
verlangen. Handwerker bohren Löcher in Holz, Stein, Beton
und Stahl, sie hämmern, schrauben, fräsen, hobeln, benutzen
Brecheisen und Sägen, baggern die Erde auf und verrichten
viele andere Tätigkeiten, die von der Psychoanalyse oftmals
als sexuell-symbolische Ersatzhandlungen gedeutet werden,
die in jedem Fall aber ein unverkennbar lustvolles Element an
destruktiver Aggression enthalten, die sich über die Arbeit
kanalisieren lässt. Der destruktive Impuls wird dadurch ungefährlich und ungeschehen gemacht, dass er nach den beschriebenen Vorbereitungen in eine konstruktive Handlung ein-
mündet. Handwerker stellen Verbindungen her: elektrische
Leitungen, Gasrohre, Wasserrohre, Kanalsysteme, Straßen und
Brücken; sie bauen auf: sie mauern, verputzen, streichen, tape-
zieren, fliesen, setzen Fenster und Türen ein, verlegen Fuß-
böden, errichten Dachstühle. Die beliebig zu erweiternden
Tätigkeiten verbinden ein hohes Maß an destruktiver und
konstruktiver Aggression zu einer befriedigenden motorischen Handlungseinheit. Der Lustgewinn liegt nicht nur in der
kontrollierten Abfuhr aggressiver Triebanteile, sondern in
dem Triumph über das sichtbare und greifbare Produkt der
Arbeit. Dieser Triumph drückt die libidinöse Besetzung des
Objektes aus. Männer genießen das erotische Element einer
gelungenen handwerklichen Arbeit, die Ästhetik von Material
und Form, ob eine Sanitäranlage, einen Torbogen oder die Ele-
ganz einer Rakete.[11]

Neben der engen Verschmelzung libidinöser und aggressiver Impulse kommt ein dritter Faktor hinzu, der weit unterschätzt und kaum jemals im Zusammenhang mit männlicher
Berufsidentität gesehen wird. Ich werde an späterer Stelle
ausführlicher auf den väterlichen Gebärneid eingehen. Hier
ist aber bereits auf die wichtige Rolle hinzuweisen, die die
symbolische Funktion des Gebärens im Rahmen männlicher
Berufstätigkeit spielt. Die Herstellung eines eigenen Produk-

tes schafft in der Fantasie ein Äquivalent für das Defizit, das der Mann gegenüber der Frau erlebt. Gebräuchliche Redewendungen unter Männern vermitteln eine Ahnung von dem unbewussten Konflikt, den der Verzicht auf diese Urform menschlicher Produktivität mit sich bringt: »Das war eine schwierige Geburt«, »Wir werden das Baby schon schaukeln«; ein Gedanke wirkt »befruchtend«, Mann geht mit Plänen »schwanger«, eine Idee wird »geboren«; der Stolz auf ein gelungenes handwerkliches, künstlerisches oder geistiges Produkt gipfelt in der Formulierung: »Das ist mein jüngstes Kind.«

Die symbolische Funktion des Gebärens dürfte also in viele männliche Schöpfungen einfließen, zum Beispiel in den Wunsch, »etwas ganz Neues«, »etwas noch nie Dagewesenes« zu schaffen. Somit könnte der »Gebärakt« ein Urmotiv in der Erfindungskunst und im Schöpfungswillen des Mannes darstellen. Damit wäre seine höhere Produktivität nicht Ausdruck seiner Dominanzwünsche über die Frau, sondern das Ergebnis eines natürlichen Verteilungsmusters an produktiven Antriebskräften zwischen den Geschlechtern. Diese beim Mann allein von seinem Neid auf die Frau abzuleiten würde allerdings den Sachverhalt nur sehr unvollkommen treffen, da der Mensch grundsätzlich im Unterschied zur höher entwickelten Tierwelt über ein ausgeprägtes Gestaltungsbedürfnis verfügt, das ständig nach einem kreativen Ausdruck verlangt.

Nach dem Beruf des Handwerkers möchte ich noch ein besonders anschauliches und die gesamte Männerwelt immer wieder faszinierendes Beispiel für die enge Einbindung von Aggression und Sexualität erwähnen – den Kampfsport, insbesondere den Fußball. Grundsätzlich geht es beim Berufssport um einen nach festen Regeln ausgeführten Kampf nach dem Muster Mann gegen Mann, Mannschaft gegen Mannschaft oder jeder gegen jeden. Den Fußballsport mit der höchsten Popularität in den europäischen Ländern verdanken wir einem Ritual, das den Krieg zwischen Städten, Gemeinden, Provinzen und Ländern vom Schlachtfeld auf das Fußballfeld verlagert und die Schwerter durch einen Ball ersetzt hat. Dass es sich dabei um ein sublimiertes Kriegsgeschehen handelt, verrät nicht nur sein Ablauf, sondern auch das militärisch entlehnte Vokabular. Stellvertretend für eine ganze Männergeneration werden von jeder Partei nur elf Spieler ins »Feld« geschickt, die für die Ehre und das Geld des Vereins, der Stadt oder der Nation kämpfen müssen. Der Sinn des Spiels besteht in Angriff und Verteidigung. Männer rennen, rasen, stürzen, jagen und verfolgen einander, es wird gerempelt und gefoult, man brüllt sich an, beschimpft sich, Verletzte werden vom Feld getragen. Den Ball ins Tor des Gegners zu schießen ist höchster Triumph. Auf diesen Treffer, auf diesen Schuss kommt es an. Ausdauer, Geschwindigkeit und Kraft müssen mit Kampfgeist und Mut gepaart sein, um den Sieg zu erringen. Tausende, vorwiegend Männer, schauen zu, Millionen verfolgen den Kampf am Bildschirm, der Puls geht schneller, das Herz klopft, die Muskeln beben; sie fuchteln mit den Armen, springen auf, heulen und schreien, was die Lungen hergeben.

Fußball und andere besonders bei Männern beliebte Sportarten wie Auto- und Motorradrennen, Boxen und Ringen sind eindrucksvoll inszenierte Schauspiele, die die bändigende Macht des Rituals über die ungesteuerte Aggression feiern.

Aber Fußball verrät nicht nur seine aggressiven, sondern auch seine libidinösen Ursprünge. Die erotische Beimischung beschreibt Sloterdijk so: »Man frage sich nur, in welchem Kontext wir zu Zeugen der heftigsten Lustäußerungen werden, die von menschlichen Wesen zu vernehmen sind. Die Gipfelpantomimen unserer Pornoköniginnen sind flache Komödien im Vergleich mit den Torschützenorgasmen, die im Zentrum aller Berichterstattungen über große Fußball-Turniere stehen. Es genügt, die Gesten der Helden auf dem Rasen nach erfolgreichen Torschüssen ernsthaft anzuschauen, um zu begreifen, dass hier Wildformen ekstatischer Genugtuungen durchbrechen, für die es im gesamten Spektrum zivilisatorischer Gesten kaum ein Äquivalent gibt.«[12]

Der Hinweis auf die »Orgasmen« trifft den Zusammenhang

von Tor, Ball und Schuss als symbolische Bilder des Koitus. Aber zusätzlich ist im Fußball als ausgesprochenem Männerspiel eine starke homoerotische Komponente enthalten, wie sie demonstrativ in den lustvollen Umarmungen und den übereinander stürzenden Männerbergen nach geglücktem Treffer zum Ausdruck kommt. An ihnen können auch die Millionen männlicher Zuschauer partizipieren und ihrer homoerotischen Latenz freien Lauf lassen. Die »Tore des Jahres«, man kann sie nicht oft genug sehen, so schön sind sie.

Da haben es die vielen anderen Männer, soweit sie nicht Handarbeiter, Sportler und, nicht zu vergessen, Soldaten, Polizisten oder Feuerwehrleute sind, schwerer, deren Körpermotorik in ihrem Beruf nicht gefragt ist, die den lieben langen Tag sitzen oder stehen, ohne dass ihr Muskelspiel für das notwendige Maß an aggressiver Triebabfuhr sorgt. Es ist die Mehrzahl. Es sind die tausend Schalterbeamten und Büroangestellten, die Facharbeiter in computergesteuerten Betrieben, die Erzieher und Lehrer, die Heiler und Helfer und die Kopfarbeiter und Intellektuellen aller Couleur. Ihr überschüssiges Aggressionspotenzial muss sich andere Wege der Sublimierung suchen. Zum Glück und nicht zum Schaden des Einzelnen und der Gemeinschaft, wie oft angenommen wird, stellt jede Gesellschaft ausreichende Möglichkeiten dafür zur Verfügung, indem sie diese Energien in den Dienst ihrer eigenen Interessen stellt. Die Tatsache, dass wir in einer Konkurrenzgesellschaft leben, kann nur der beklagen, der die Utopie einer paradiesischen Ordnung menschlicher Verhältnisse noch nicht aufgeben will.

Das Prinzip der friedlichen Konkurrenz gehört zu den wichtigen Regulationsmechanismen, mit denen ein Überschuss an aggressiver Energie in sozial angemessenen Formen der Auseinandersetzung gebunden werden kann. Konkurrenz erfordert die Fähigkeit zum adgredi, das heißt zu einem Durchsetzungsvermögen mit klaren Zielvorstellungen und dem Einsatz von Willen, Konzentration und Arbeitsmotivation.

Konkurrenz ist das Salz in der Suppe der Leistungsgesellschaft, die in unkritischer Betrachtung historischer und globaler Entwicklungen ebenfalls in Verruf gekommen ist. Von der Leistungsfähigkeit einer Gesellschaft hängt aber schließlich die Abschaffung krasser Ungleichheitsverhältnisse, die Humanisierung der Arbeitswelt und der Ausbau sozialstaatlicher Prinzipien ab.

Die Konkurrenzkämpfe der Männer in den Chefetagen des Großkapitals, in der Arena politischer Plenarsäle, in den Hochschulen, im gesamten Kunstbetrieb, in den Gewerkschaften, in Banken und Versicherungen und in allen gesellschaftlichen Einrichtungen, in denen Männer ihren ganzen Ehrgeiz und ihre Energie daransetzen, auf der Pyramide der Hierarchien eine Stufe höher zu steigen – in all diesen Wettbewerbsfeldern werden täglich die Rivalitäts- und Rangkämpfe um Dominanz und Macht gespielt, zu denen schon unsere Ururahnen dank ihrer Natur verurteilt waren. Hier stoßen sich Männer die Hörner ab, tragen ihre Haut zu Markte, lassen Nerven und zahlen einen hohen Preis dafür, dass sie, ihre Frauen und Kinder nicht in Armut leben müssen. Und sie genießen es.

Um Missverständnisse zu vermeiden: Ich möchte hier kein Hohelied der Industrie- und Leistungsgesellschaft anstimmen; dazu werden uns täglich die Schattenseiten des Fortschritts allzu schmerzhaft bewusst; ich will auch kein idealistisches Bild des Konkurrenzprinzips entwerfen. Konkurrenz als notwendiger Antrieb zur Selbstbehauptung und Durchsetzungsfähigkeit ist in keiner der bestehenden Machtstrukturen vor Missbrauch und bösartiger Entartung gefeit. Der Exkurs über Konkurrenz und Leistung schien mir notwendig, um vielmehr einige psychologische Mechanismen männlicher Eigenschaften zu verdeutlichen, die in der öffentlichen Debatte meist negativ bewertet werden. Aber Natur entzieht sich dem moralischen Urteil. Kritik lässt sich nur da üben, wo die zivilisatorischen Chancen zur Domestizierung der Naturkräfte nicht genutzt wurden.

Ich habe das seelische und soziale Panorama der männlichen Berufsidentität so weit entfalten müssen, weil es aus dem Verständnis der Vaterproblematik nicht auszuklammern ist. Die heutige Diskussion über die Vaterrolle lässt eine solche qualifizierende Analyse in der Regel vermissen. Welche Fehl- und Vorurteile dadurch geschaffen werden, wird spätestens bei der Frage ersichtlich, was der Verlust der Berufsidentität für den Mann bedeutet. Wie wirken sich mangelnde Berufsqualifikation, stark entfremdete Arbeit, ein erzwungener statt frei gewählter Beruf, unfreiwillige Teilzeitarbeit, Arbeitslosigkeit oder Frühberentung vor Abschluss der Berufsausbildung der Kinder auf die männliche Identität und damit unmittelbar auf den Vaterstatus und die Familie aus? Was passiert, wenn der Mann keine Befriedigung und keine narzisstische Gratifikation aus dem Beruf ziehen kann und wenn dieser nicht Teil seines Selbstgefühls und seiner Identität wird? Die Fragen geben die Antworten schon vor. Zahlreiche Untersuchungen belegen heute den hohen Problemdruck und die Konfliktbelastung in Familien, deren Väter ein solches Schicksal zu tragen haben. Die betroffenen Väter geraten in aller Regel in tief greifende Identitätskrisen. Dabei gerät ihr inneres Gleichgewicht aus den Fugen, es kommt zu seelischen und psychosomatischen Erkrankungen und zur weiteren sozialen Destabilisierung. Es lässt sich unschwer vorstellen, wie leicht aus diesem Zusammenbruch Suchterkrankungen, Gewalt gegen Frauen und Kinder, sexueller Missbrauch der Kinder und andere Formen der Verwahrlosung und Kriminalität entstehen können. Eine gefestigte Berufsidentität bietet keine absolute Garantie gegen solche Entgleisungen, sie schließt individuelle Krankheiten nicht per se aus. Aber statistisch sprechen die Zusammenhänge eine eindeutige Sprache. Hierin wird auch die ganze Tragödie sichtbar, die zwangsläufig eintreten muss, wenn es einem gesellschaftlichen System nicht mehr gelingt, ausreichende berufliche Voraussetzungen für alle, aber speziell für junge Menschen zu schaffen, deren Identitätsaufbau ohne Berufsgrundlage nicht denkbar ist. Der derzeitig bestehende Arbeitsplatzmangel, der fortschreitende Arbeitsplatzabbau durch Rationalisierung, Automatisation und Computerisierung der Arbeitswelt und der verbreitete Lehrstellenmangel bedrohen nicht nur den

Arbeitsfrieden, sondern, viel tiefer, die psychosoziale Identität des Gemeinwesens. Sollte diese Entwicklung nicht aufgehalten werden, geraten die jüngeren und nachfolgenden Vatergenerationen in eine Katastrophe, die den Zusammenbruch traditioneller Familiestrukturen in radikaler Weise beschleunigen wird.

An dieser Grenze steht heute unsere Leistungsgesellschaft. Keiner vermag vorherzusagen, ob das gesellschaftliche System seine Balance auf lange Sicht bewahren kann oder ob das Gleichgewicht entgleist. Was in solchen Fällen an nicht mehr gebundenen Triebkräften freigesetzt wird, dafür liefern uns die Geschichte und die Gegenwart anderer Kontinente erschreckende Beispiele. Die Maske der männlichen Berufsidentität hält nur so lange, wie die Anpassungsleistungen des Subjektes und die Sublimierung seiner Triebe in ausreichender Weise belohnt werden. Kann eine Gesellschaft das nicht mehr garantieren, zerbricht die Maske, und der Stachel im Fleisch entfesselt die gebannten Dämonen.

IV.

Zwischen Berufsfindung
und Vaterschaft –
der große Raum der
Freiheit

Zwischen der Berufsfindung und dem Beginn der Vaterschaft liegt der große Raum der Freiheit. Erikson unterscheidet zwei Moratorien in der menschlichen Entwicklung. Es sind Zeiten des Aufschubs, die der ungeschriebene Generationsvertrag der Gesellschaft jedem jungen Menschen einräumt, bevor er die ihm gestellten Lebensaufgaben als Erwachsener einlöst. Das »psychosexuelle Moratorium« liegt zwischen dem Vorschulalter und der Pubertät. In dieser Zeit darf das Kind lernen und seine ersten technischen und sozialen Fähigkeiten entwickeln, ohne darüber hinaus verbindliche Verpflichtungen eingehen zu müssen. Der zweite Entwicklungsschub, das »psychosoziale Moratorium«, setzt jenseits der Geschlechtsreife ein und umfasst die Phase der Adoleszenz. In ihm kann der Heranwachsende seine Orientierung im Bereich sexueller Intimität und sozialer Rollen suchen, um seinen Platz in der Gesellschaft zu finden.[13]

In Abgrenzungen zu diesen beiden erscheint mir die Einführung eines dritten Moratoriums in die Theorie der Persönlichkeitsentwicklung notwendig. Es lässt sich am ehesten als »Eltern-Moratorium« bezeichnen. In ihm erfüllt der Erwachsene zwar schon die ihm zugewiesene Rolle des Berufs, aber er ist noch von dem letzten Schritt zur Erfüllung seiner Lebensaufgaben freigestellt – der Gründung einer Familie und, im Fall des Mannes, der Übernahme der Vaterrolle. Nicht zuletzt die Einführung der Systemtheorie in das Verständnis sozialer Beziehungen macht eine solche Erweiterung notwendig. Nach Abschluss des »psychosozialen Moratoriums« hat der Heranwachsende durch die Entwicklung seiner Berufsidentität den Erwachsenenstatus erreicht und dadurch seine feste Rolle im gesellschaftlichen Gesamtsystem eingenommen. Der Übergang zur Familienbildung und Vaterschaft stellt einen grundsätzlich neuen Entwicklungsschritt dar, weil er Neudefinition und Erweiterung der bisherigen Rollenaufträge bedeutet. Zwischen den beiden Polen Beruf und Familie liegt das »Eltern-Moratorium«. Für die meisten Männer lautet deshalb auch die Warnung in dieser letzten Spanne der Freiheit: »Heirate nicht zu früh!« Das hat seine Gründe, denn Freiheit in dieser Form hat es im bisherigen Leben nie gegeben, und sie wird nach Ablauf des Moratoriums auch nie wieder eintreten.

Was unterscheidet dieses letzte von den beiden früheren Moratorien? Durch den Erwachsenenstatus, den Beruf und die damit verbundene ökonomische Unabhängigkeit gelangt der Mann an ein lang ersehntes Ziel – die endgültige Ablösung von der Ursprungsfamilie. Das Ende der ökonomischen Abhängigkeit von den Eltern beschleunigt nun auch die psychische Ablösung. Die Gefühlseinstellungen zu ihnen nehmen eine mehr partnerschaftliche, freundschaftliche, bisweilen auch distanzierte Form an. Im Selbstbewusstsein der eigenen Möglichkeiten hat sich der ödipale Konflikt mit dem Vater aufgelöst oder an Schärfe verloren; unter der Voraussetzung einer stabilen Berufsidentität braucht man nicht mehr mit ihm zu konkurrieren, bestenfalls kann man mit ihm kooperieren. Die Mutter hat ihre umschlingende Macht verloren. Jetzt kann man wieder zärtlich zu ihr sein, ohne die Angst vor Vereinnahmung. Die Geschwister sind ebenfalls erwachsen. Die eifersüchtige Rivalität um Gunst und Liebe der Eltern ist weitgehend überwunden. Sie werden zu Vertrauten, zu Verbündeten des Lebens, auf die man sich im Notfall verlassen kann.[14] Diese lang ersehnte Freiheit von der Familie, die Befreiung aus emotionaler Verstrickung und Abhängigkeit, gekoppelt mit der definitiven räumlichen Trennung, treibt die Identitätsbildung in dem sicheren Gefühl an, jetzt eine eigenständige Persönlichkeit zu sein.

Der Beruf wird zur zentralen Kraft, die in die Breite wirkt. Er beflügelt Zukunftsentwürfe, die realitätsgerechter als noch in der Pubertät und Adoleszenz sind; sie lassen viele als möglich und verwirklichbar erscheinen. Die selbst-bewusste Freiheit entfaltet sich in drei Bereichen, in der Liebe, in Freundschaften und in der Freizeit.

Die Liebe fordert am meisten. Die ersten sexuellen Erfahrungen nach der Pubertät standen noch stark unter den Zeichen von Angst, Scham und Schuld, sie waren mehr ein trotziges Dennoch, ein provokantes Spiel, ein Beweiszwang voll innerer Unsicherheit, eine Spurensuche in die Zukunft. Nach vielen vorliegenden Untersuchungen hat sich trotz der Liberalisierung sexueller Tabus an dieser Übergangsperiode von der jugendlichen zur erwachsenen Sexualität wenig geändert. Innerhalb unserer Kultur besitzt offenbar erst der Erwachsene das »Recht«, Sexualität und das dazu notwendige Maß an »Aggression« angstfrei zu leben. Sein Status in der Gesellschaft und seine gewachsene Selbstsicherheit sind zu verlässlichen Bürgen in dieser Entwicklung geworden. Das Eltern-Moratorium ist die Zeit sexueller Erkundung, die nahe Erforschung des anderen Geschlechts. Erst in ihm werden die Gefühle entwickelt, aus denen die reife Liebe erwächst: Zärtlichkeit, Vertrauen, Schamfreiheit, Fürsorge, Verantwortung, Schutz und Geborgenheit. Erst die Liebeserfahrungen in dieser Zeit, soweit sie nicht auf flüchtige Begegnungen beschränkt bleiben, stiften die eigentliche und erwachsene psychosexuelle Identität. Denn das Bewusstsein, eine Frau oder ein Mann zu sein, ist nicht an sexuelle Funktionen gebunden, sondern an komplexe Erfahrungsmuster, die für beide Geschlechter in typischer Weise in einem breiten sozialen Bezugsrahmen vorgegeben sind.

Liebe und Sexualität gehören in der Zeit zwischen Berufsfindung und Familiengründung zu den umwälzenden Ereignissen in jedem Leben. Eine erwachsene Frau, einen erwachsenen Mann in ihrer von ihnen selbst gestalteten Lebenswelt kennen lernen, das Gefühl der gemeinsamen Freiheit, die Intensität der Lust, die ersten Reisen als »Paar« in andere Länder, den Sand unter den Füßen an fremden Gestaden, die verschwörerische Intimität in den Hotelbetten ausländischer

Metropolen, ein Rouge ordinaire auf den Marmorplatten des Nachttischs, und von draußen die fremdländischen Stimmen durch die Jalousien der geöffneten Fenster – dieses unbeschwerte Lachen, dies unverpflichtende Glück wird es später nicht mehr geben. Das Geschenk der Gesellschaft vor dem nächsten Schritt. Ein Schatz in den tiefen Falten der Erinnerung.

Und dann die Freundschaften, speziell die zu anderen Männern. Sie gab es auch schon in der Kindheit, in der Pubertät und Adoleszenz. Aber nach der definitiven Ablösung von der Familie bekommen sie eine andere Farbe. Der eigene Charakter hat sich unverwechselbar zur individuellen Persönlichkeit geformt und ihr durch die Berufsidentität einen fest umrissenen Lebensentwurf vorgezeichnet. Jugendfreundschaften hatten ihre Zeit, aber die meisten lösen sich jetzt durch die unterschiedlichen Lebensverläufe auf. Neue Freundschaften entstehen während der Berufsausbildung oder im Rahmen der Arbeitswelt und der Freizeit. Sie haben in der Regel länger Bestand, weil sie zeitgemäßere Identifizierungsmöglichkeiten anbieten. Viele Menschen entwickeln erst als Erwachsene nach Überwindung der vielen Krisen ihrer Reifungsjahre und gestützt auf eine größere innere Sicherheit und berufliche Identität eine Kontaktfähigkeit, die ihnen erstmalig dauerhafte und tiefe Bindungen erschließt.

Das Eltern-Moratorium hält Zeit und Gelegenheit offen, solche Freundschaften intensiv zu leben. Während dieser »Junggesellenexistenz« bilden sie die Privatheit des sozial stützenden Umfeldes, das durch die Ablösung von der Familie entfallen ist und noch nicht durch eine eigene ersetzt wurde. Freunde helfen einander in allen Lebenslagen, sie ergänzen sich in ihrem praktischen Verständnis und ihren technischen Fähigkeiten, sie beraten miteinander Sachfragen, Berufsprobleme und private Sorgen, sie regen sich gegenseitig an, ob im Alltag oder im intellektuellen Diskurs, ob im künstlerischen Schaffen oder im Entwurf philosophischer Spekulationen, sie tauschen ihre intimen Erfahrungen über Sexualität und Liebe aus, über Glück und Unglück in dem schwierigen Verhältnis zwischen den Geschlechtern. So werden Freunde zu unverzichtbaren Wegbegleitern durch das Moratorium. Ihre Verlässlichkeit und die innere Verbundenheit mit ihnen beweisen sich in vielen gemeinsamen Aktivitäten, ob auf dem Sportplatz, auf dem Abenteuertrip in den Himalaya, ob bei Wildwasserfahrten im Kanu, bei einer Schlägerei in der Kneipe oder langen Autofahrten unter klaren Sternenhimmeln. Enge Freundschaften sind einsame Inseln, weit entfernt vom Festland bürgerlicher Lebensnormen. Sie sind unzugänglich für Außenstehende und wahren ihr einzigartiges Geheimnis. Auch wenn sie im späteren Leben weiter bestehen – ihre menschliche und schöpferische Exklusivität endet mit dem letzten Moratorium. Zu viele, die dann Zutritt auf die Insel fordern, die ihre Boote über Wasser schicken, um ihr das Geheimnis zu entreißen. Auch muss man selbst zu häufig auf das Festland zurückkehren, wird dort immer stärker in ein Netz sozialer Bindungen und Verpflichtungen eingespannt. Eines Tages sind die Inseln versunken. Aber man weiß, es hat sie gegeben, und sie liegen nicht so tief, als dass man sie in der Erinnerung, in der Fantasie oder in Träumen nicht wieder aufsuchen könnte.

Die Freizeit schließlich ist die freie Zeit nach berufserfüllten Tagen. Sie hat eine andere Qualität als die Spielzeit in der Kindheit und die freien Nachmittage in der Jugend. Sie ist gerichteter, wird bewusster gestaltet und baut auf den Möglichkeiten auf, über die inzwischen ein festes Bewusstsein besteht. Das Geschenk dieses Fortschritts bedeutet: »Ich bin mein eigener Herr.« Keiner mehr, der einen darin kontrolliert, der Ratschläge erteilt, Maßnahmen ergreift, bevormundet, der bestimmt, ermahnt, verbietet. Man hört die Ketten auf den Boden klirren: »Du bist frei!« Man betritt weites Land. Es gibt nur die Grenzen, die in einem selbst liegen. Sie erkunden, mit ihnen experimentieren – das ist Freiheit. Die gerichtete Kraft der eigenen Entscheidungen nimmt es mit vielem auf, sucht die Herausforderungen, bricht die Widerstände. In diesem Sinne ist Freizeit mehr als Sport treiben, ins Kino oder Theater gehen, auf ein Jazzkonzert oder ein Straßenfest, ist mehr als Wandern, Fahrradfahren und Reisen, Freunde treffen oder eine Frau. Diese Vielfalt des Lebens gehört dazu. Aber es sind bekannte Wege, vorgeformt, vorhersagbar, die einen zur aktiven Teilnahme einladen, aber nicht zu etwas Neuem herausfordern. Freizeit ist die endliche Freiheit zur Entwicklung der schöpferischen Fähigkeiten, die unter den Zwängen von Elternhaus, Schule und Beruf verkümmert sind. Schöpferisch ist alles einmalig Eigene, das Rosengartenbeet, die selbst gezimmerte Laube, der reparierte Fernseher, Fotografien und gemalte Bilder, ein Tagebuch, eine politische Aktion, ein Gedicht und ein Brief. Jeder hat die Freiheit, sich seinen kreativen Raum zu erobern. Erst mit ihr vervollständigt der Mensch seine Ich-Identität, rundet in der Entfaltung seines brachliegenden Potenzials seine Persönlichkeit ab.

Das dritte Moratorium gibt jedem die Zeit, seine Individualität definitiv für die Zukunft zu formen, in der Überholtes abgestreift und Neues entworfen wird, ob in der Arbeit, in der Sexualität und Liebe, in Freundschaften oder in der schöpferischen Fantasie. Das dritte Moratorium bietet die letzte Chance, das Leben als Abenteuer zu begreifen und in einer Ungebundenheit, die nie größer war und nie mehr so sein wird, die eigenen Möglichkeiten zu erproben. Die dabei erlangte Autonomie wird zum Garanten der Zukunft, sich vor Missbrauch durch Dritte, vor Vereinnahmung, Ausbeutung und falscher Kumpanei zu schützen. Und umgekehrt: Nur wer sich als autonomes Subjekt zu begreifen gelernt hat, wer auf sich selbst bauen kann, bleibt besser davor bewahrt, andere Menschen für eigene Zwecke zu missbrauchen. Denn das letzte Moratorium dient nicht einem leichtfertigen Hedonismus oder einer egoistischen Weltorientierung, sondern trägt zur Ausformung der Gesamtpersönlichkeit bei, die den Widerspruch zwischen Selbstbewahrung und den Ansprüchen anderer in sich integriert hat. Soziale Verantwortung kann nur der entwickeln, der die Möglichkeit hatte, sich selbst in seiner ganzen Individualität wie auch in seinen gesellschaftlichen Bezügen zu erfahren und sein individuelles und sein soziales Ich in gleicher Weise auszubilden.

Welche Bedeutung das Eltern-Moratorium für die Persönlichkeitsentwicklung hat und wie notwendig der Aufschub für die Übernahme der Vaterrolle ist, lässt sich besonders in den Lebensschicksalen verfolgen, in denen dieser Freiheitsraum übersprungen wird. Es ist bekannt, dass in sehr jungen Jahren geschlossene Ehen in Verbindung mit Vaterschaft äußerst krisenanfällig sind und statistisch am häufigsten schon nach wenigen Jahren geschieden werden. Auch dort, wo die Familiengründung unmittelbar dem Berufsbeginn folgt, besteht in der Regel ein hohes Konfliktpotenzial. In früheren Zeiten wurden solche Ehen meist wegen bestehender Schwangerschaften und des moralischen Drucks seitens Familie und Gesellschaft geschlossen. Heute sind die Gründe für Frühehen meist psychologisch motiviert. Viele sehen in der Ehe eine Chance, möglichst schnell den unerträglich gewordenen Verhältnissen in der Ursprungsfamilie zu entfliehen. Sie erhoffen sich, in der eigenen Familie das Glück und die Geborgenheit zu finden, die sie bisher vermisst haben. In der Mutter- bzw. Vaterrolle wollen sie unbewusst am eigenen Kind wieder gutmachen, was ihnen selbst an Verletzungen zugefügt wurde. Diese Absicht, »bessere Eltern« zu werden, scheitert in der Regel nicht am guten Willen, sondern an den noch unreifen seelischen Strukturen, die in einem unbewussten Wiederholungszwang die gleichen Beziehungskonflikte heraufbeschwören, die zu vermeiden man ausgezogen war.

Bei anderen Paaren bildet die Unfähigkeit zum Alleinsein den Drang zur frühen Bindung. In diesen Fällen hat eine wirkliche Ablösung vom Elternhaus noch nicht stattgefunden. Ängste vor dem Alleinsein produzieren dann die gleichen Abhängigkeiten und Ambivalenzen, die zu den eigenen Eltern bestanden. Typischerweise behalten diese in den neu gegründeten Familien einen übermächtigen Einfluss, wodurch eine autonome Entwicklung der Partner auf Dauer verhindert werden kann.

Aus solchen häufig zu beobachtenden Verläufen wird nochmals die entwicklungspsychologisch eminente Bedeutung des dritten Moratoriums erkennbar, ein Tatbestand, der in den psychologischen und sozialwissenschaftlichen Persönlichkeitstheorien bisher kaum untersucht ist. Möglicherweise hängt diese Forschungslücke mit dem kulturellen Wandel der letzten Jahrzehnte zusammen. Erst durch ihn wurde der Entscheidungsspielraum des Einzelnen in einer bis dahin unbekannten Dimension erweitert. Der frühere Zwang zur Heirat bei ungewollten Schwangerschaften wurde bereits erwähnt. Die modernen Methoden der Schwangerschaftsverhütung haben den Wandel entscheidend beeinflusst. Unter den anderen Faktoren, die eine veränderte Einstellung zu Familie und Elternschaft beschleunigt haben, spielen der strukturelle Zerfall der traditionellen Familie, die wachsende Unabhängigkeit der Frau und die medizinischen Fortschritte bei der Verlängerung des Gebäralters eine wichtige Rolle. Sie rücken das Moratorium in ein neues Licht. Die Zahl derer wächst, die ihre Entscheidung für ein oder mehrere Kinder, mit oder ohne Trauschein, in ihr mittleres Lebensalter (30. bis 40. Lebensjahr) verlegen. Aber auch sie müssen ihn eines Tages tun, wollen ihn tun – den Sprung aus der Freiheit.

Was bedeutet dieser Sprung für den Mann? In einem Standardwerk »Väter« referiert der bekannte Vaterforscher Fthenakis in einem eigenen Kapitel »Der Übergang zur Vaterschaft« die wissenschaftlichen Untersuchungen zu der Thematik und betont damit die Bedeutung dieses Entwicklungsschritts in den Lebenszyklen des Mannes.[15] Zwischen Moratorium und Vaterschaft liegt eine mehr oder weniger lange Zeit einer Zweierbeziehung, die durch die Zäsur der Heirat geteilt wird. In diesem Zeitraum fällt die gemeinsame Entscheidung für ein Kind. Die Tatsache, dass die meisten Männer dabei versuchen, eine Schwangerschaft möglichst lange hinauszuzögern, deutet auf ihre größeren Schwierigkeiten hin, ihre bisherige Freiheit aufzugeben und den neuen Verantwortungsbereich zu übernehmen.

Der Übergang von der Dyade zur Triade stellt einen radikalen Einschnitt im Leben jedes Mannes dar. Für Männer scheint er schwerer zu bewältigen zu sein als für Frauen, wobei in der vorliegenden Literatur zwei Gründe besonders betont werden. Erstens nimmt der Mann aus biologischer Sicht in dem revolutionären Naturprozess von Schwangerschaft und Geburt eine absolut randständige Position ein. Die für ihn oft quälende Frage »Bin ich der Vater?« zieht sich durch die ganze Menschheitsgeschichte und gewinnt in einer Zeit an Aktualität, in der der liberale Umgang mit der Sexualität zu einer wachsenden Beliebigkeit in vielen Partnerbeziehungen geführt hat. Die diesbezügliche Manipulierbarkeit des Mannes und seine entsprechenden Zweifel werden in dem Maße zunehmen, wie künstliche Reproduktionstechniken selbst seine Erzeugerfunktion tendenziell überflüssig machen. Während die Frau in ihrer Mutterschaft noch nie irgendwelchen Zweifeln ausgesetzt war, besitzt sie seit einigen Jahrzehnten die zusätzliche Möglichkeit, bei der Reproduktion von Nachwuchs vollständig von einem Partner unabhängig zu sein.

Dass die Zweifel vieler Männer nicht in erster Linie individuelle Selbstwertunsicherheiten ausdrücken, sondern als archetypisches Erbe betrachtet werden können, wird aus der spiegelbildlichen Erfahrung von Kindern deutlich. Besonders im Rahmen eigener Entwicklungskrisen oder in Zeiten vermehrter Konflikte mit dem Vater entstehen bei vielen von ihnen oft quälende Fantasien und Ängste, häufig auch illusionäre Wunschvorstellungen, von einem anderen als dem realen Vater abzustammen. Freud sprach in diesem Zusammenhang von einem »Familienroman«, den ein Kind im Tagtraum entwerfe, wenn es mehr Kenntnisse von den Sexualvorgängen zwischen den Eltern besitze. Seine Vorstellung »pater semper incertus est, während die Mutter certissima ist« entstamme der kindlichen Fantasie von der sexuellen Untreue der Mutter.[16] Die nahe liegende Schlussfolgerung, entsprechende Ängste bei erwachsenen Männern könnten lediglich ein Relikt kindlicher Fantasietätigkeit sein, würde die archetypische Erfahrung des fundamentalen Geschlechtsunterschieds missdeuten. Bei aller Aufgeklärtheit, rationalen Einsicht und bei allem Vertrauen setzen sich offenbar bei vielen Vätern solche unbewussten Ängste und Ahnungen immer wieder als tiefe Verunsicherung durch. Wenn sich Männer ebenso wie die Frauen als wirkliche Schöpfer eines Kindes begreifen könnten, wenn das die Natur wäre, müssten sie ihre Entscheidung für diese Lebensaufgabe vielleicht auch weniger hinauszögern.

Der zweite Grund für das Zögern liegt in einem Bündel ausgesprochener oder verheimlichter Fragen, die den Mann umtreiben und die letztlich in seinem früh verinnerlichten Verantwortungsgefühl wurzeln: »Will ich diese Verantwortung wirklich? Werde ich sie ertragen? Bin ich den Belastungen durch die Kinder gewachsen? Werden sie so, wie ich sie mir vorstelle, und wenn nicht, werde ich sie dann dauerhaft lieben können? Wie sehr behindern mich Kinder in meiner beruflichen Entwicklung? Spätestens mit einem Kind bin ich, zumindest moralisch, zur Monogamie verurteilt; bin ich dazu fähig, will ich es überhaupt? Hält die Liebe zu meiner Frau? Kann ich ihren mütterlichen Fähigkeiten vertrauen? Was mute ich den Kindern im Fall einer Scheidung zu? Lohnt es sich, für das alles meine Freiheit aufzugeben?«

Wir sehen: Der Weg aus der Freiheit in die Vaterschaft ist mit Warnschildern umstellt. Fragen über Fragen. So prüft sich jeder, der sich ewig an Kinder bindet. In der psychologischen Forschung ist die Frage heftig umstritten, ob der Beginn der Vaterschaft eine normative oder eine, zumindest vorübergehende, pathologische Krise auslöst. Nach meiner Einschätzung lässt sich die Frage nicht generell beantworten, weil jede Geburt auf eine komplexe Situation unterschiedlicher psychologischer und sozialer Vorbedingungen trifft. Zum Beispiel gelten eine etwa dreijährige geglückte Ehe, ein gemeinsamer Kinderwunsch und stabile soziale Verhältnisse als ideale Voraussetzungen für einen milden Verlauf des »Babyschocks«. Frühe Vaterschaft, eine kriselnde Partnerschaft und ungesicherte ökonomische Bedingungen dagegen können erwartungsgemäß zu einer schweren Krise mit der Entwicklung ernsthafter seelischer und psychosomatischer Erkrankungen führen.

In jedem Fall stehen beide Elternteile mit der Geburt des ersten Kindes vor einer Entwicklungsaufgabe, bei der sich erweist, wie gefestigt ihre innere Reife, ihre Ich-Stärke und ihre Gefühlskonstanz sind, das bedeutet, wie weit ihnen die Integration ihrer aggressiven und sexuellen Triebkräfte gelungen ist. Die neuen Anforderungen verlangen ein hohes Maß an Triebverzicht und Anpassungsfähigkeit an vollständig veränderte Regeln des Zusammenlebens. Das Zweipersonensystem der Ehepartner verwandelt sich in ein Dreipersonensystem, wobei der hinzukommende Dritte, das Kind, die bisherigen Gesetze grundlegend umschreibt. Seine Hilflosigkeit und Schutzbedürftigkeit rücken das Kind ins Zentrum des neu entstandenen Systems und fordern von den Eltern eine Neudefinition ihrer Rollen von lebensgeschichtlicher Tragweite: Mit der Ankunft des Babys müssen sie einen Generationenwechsel vollziehen. Dieser Entwicklungsschritt aus der bisherigen Kindgeneration in die Elterngeneration ist der eigentlich tief greifende Prozess bei dem Sprung aus der Freiheit des Eltern-Moratoriums in die Gebundenheit eines selbst geschaffenen familiären Systems.

Fthenakis beschreibt in seiner neuesten Studie »Die Rolle des Vaters in der Familie«, die im Auftrag des Familienministeriums im Rahmen der 2001 gestarteten Kampagne »Mehr Spielraum für Väter« durchgeführt wurde, zwei wichtige Befunde, die auch von anderen Forschern bestätigt werden: Erstens nimmt die »Partnerschaftsqualität« in der Beziehung der Eltern nach der Geburt des ersten Kindes »deutlich« ab; zweitens steht eine gute Vater-Kind-Beziehung in enger Verbindung zu dem Grad an Zufriedenheit des Mannes in seiner Partnerschaft.[17] Diese Befunde und die vorangehenden Überlegungen machen deutlich, warum besonders für den Mann mit seiner geschlechtsspezifischen Sozialisationsgeschichte und seinen naturgegebenen Eigenschaften der Übergang zur Vaterschaft zu einem kritischen Lebensereignis werden kann. Auch wenn die Annahme dieser Rolle normalerweise zu seinen Entwicklungsaufgaben gehört, die einem biologischen Reifungsprozess ebenso folgen wie kulturell verinnerlichten Erwartungen, dürfte von ihm die Entscheidung zur Vaterschaft ein höheres Maß an Anpassungsleistungen erfordern als von der Frau.

Viele Männer ersparen sich den kritischen Blick auf den neuen Lebensabschnitt, indem sie mit romantischen Zukunftsentwürfen und idealistischen Glückserwartungen die Realität der sich verändernden Lebensverhältnisse verleugnen. Die Gefahr solcher Romantisierungen liegt in den folgenschweren Enttäuschungen, die im Verlauf der Vaterschaft auftreten können, wenn Ideal und Wirklichkeit zu weit auseinander klaffen. So empfiehlt sich eine realistische Haltung als präventiver Schutz vor möglichen Desillusionierungen.

Eines Tages, nach langem Abwägen, Zögern und Zweifeln, ist der innere Entscheidungsprozess abgeschlossen. Man will den Sprung wagen. Die Risiken vor Augen, weiß man, es gibt keine Garantien für das Glück. Was man für den Verzicht auf Freiheit zurückbekommen wird, steht als großes Fragezeichen am Horizont. Aber jetzt sind Zuversicht und Hoffnung stärker als alle skeptische Verneinung. Man muss die Schwelle überschreiten, um seine volle Identität zu erreichen. Ohne Vatersein wäre der Lebensentwurf unvollständig.

V.
Der Mann als Vater

1. Die Urszene

Die Ankunft eines Kindes. Es ist, als seien die Heiligen Drei Könige persönlich erschienen. Dieses unglaubliche Gefühl von Glück. Warum hat man nur jemals zweifeln können? Wie ein Spuk haben sich alle Sorgen und Ängste aufgelöst. Noch eben hat die Frau in den Wehen geschrien. Man hat ihre Hand gehalten, sie geküsst, ihre Atmung begleitet, hat sie beruhigt, getröstet, dass alles bald vorbei sei. Heimlich hat man sich selbst die Schweißperlen von der Stirn gewischt. Jetzt ist es da. Ein Wunder. Es ist alles dran. Die kleinen Händchen und Füßchen, Nase, Augen, Ohren, Mund, und das Gesichtchen ist ganz rund, aber noch etwas zerdrückt von dem beschwerlichen Weg durch den Geburtskanal, und etwas blutig und schleimig. Aber mit seinen spärlichen Härchen sieht es einfach niedlich aus, das schönste Baby der Welt. Wer sich jetzt nicht freuen kann, wird es später schwerlich tun. Der erste, zweite oder dritte Blick auf den kleinen Unterschied, der über so vieles entscheidet, ist schon vergessen. Junge oder Mädchen, in diesem Augenblick werden alle Wünsche nebensächlich. Hauptsache, es ist gesund. Ein Zauber hat plötzlich ein ganz sicheres Gefühl in einem wachsen lassen: Man wird dieses Kind lieben, für immer und unabhängig von seinem Geschlecht, egal, was geschehen wird. Mit der Geburt eines Babys wird gleichzeitig die Liebe geboren. Die selbstlose Liebe auf den ersten Blick.

Wie – nach einer Formulierung Freuds – für das Kind die Beobachtung des Geschlechtsverkehrs seiner Eltern eine Urszene darstellt, die es in seine geschlechtliche Identität einführt, wird die Geburt zur Urszene der eigenen Elternschaft. Für den Vater ist sie der Beweis für seine erhoffte Potenz und die Initiation in seine neue Rolle. Die psychologische Forschung hat die Frage noch nicht beantworten können, wie eine Bindung zwischen Vater und Kind zustande kommt und wodurch seine Beschützerimpulse und ein spezifisch väterliches Verantwortungsgefühl ausgelöst werden. Faktoren wie das erwünschte Geschlecht des Kindes, seine Hilflosigkeit, sein Antwortlächeln, sein Aussehen, die Qualität der Elternbeziehung und die soziale Situation können die neuen Gefühle des Vaters zwar fördern, aber nicht ursächlich begründen. Bei der Frau fällt die Erklärung für die frühe Mutter-Kind-Bindung und das mütterliche Sorgeverhalten leichter. Das Kind ist ihr eigenes Produkt, ein Teil ihrer selbst, zu dem sie bereits in den langen Schwangerschaftsmonaten eine Beziehung aufgenommen hat.

Die Urszene des Vaters dagegen ist ein plötzliches, alle bisherigen Erfahrungen überwältigendes Ereignis. Der Begriff der Urszene liefert zunächst auch keine kausale Begründung für die Eruption völlig neuer Gefühlsqualitäten. Sicher ist die Annahme zutreffend, dass diese auf den bisherigen Sozialisationserfahrungen aufbauen. Eigenschaften wie Mitleid, Hilfsbereitschaft, Sorge und Verantwortung werden über Identifikationen bereits in früher Kindheit angelegt. Aber das mit der Vaterschaft aufbrechende Gefühlsspektrum unterscheidet sich von allen bisher entwickelten Emotionen. Die Urszene mag das Verständnis für diesen Elementarvorgang erleichtern.

Ganz anders als für die Mutter ist für den Vater das Neugeborene zunächst »fremd«, und trotzdem zieht es vom ersten Augenblick an die väterlichen Gefühle mit aller Macht auf sich. Dieser Vorgang widerspricht allen bisherigen Lebenserfahrungen des Vaters, denn bei ihnen erfolgten die Annäherungen an fremde Personen und die Entwicklung von Vertrauen, Nähe und Verantwortung nur in langsamen Schritten. Die Urszene scheint dagegen durch die Plötzlichkeit des Ereignisses die normalen Abwehrschranken zu durchbrechen, wobei verdrängtes Bildmaterial und Gefühlsqualitäten aus dem Unbewussten an die Oberfläche gelangen können. Offenbar handelt es sich dabei um archaische Erfahrungen, die, nach der Theorie C.G. Jungs, als archetypisches Erbe im Unbewussten gespeichert wurden. Um es als Bild auszudrücken: Kein Mann besitzt bis zum Zeitpunkt der Geburt seines ersten Kindes die instinktive Gewissheit, geschweige denn die Erfahrung, dass er seinen Nachwuchs gegen wilde Tiere verteidigen und vor Vulkanausbrüchen, Waldbränden oder Sturmfluten retten muss. Erst im Augenblick der Urszene gibt es für ihn keinen Zweifel mehr, dass er ab jetzt diese Aufgabe, in welcher gewandelten Form auch immer, übernehmen wird.

Ich glaube bei aller Spekulation, die dieser Interpretation der Urszene anhaftet, dass ein solcher Zugang die Besonderheit der Vater-Kind-Bindung einem Verständnis näher bringt. Sie könnte auch die Kraft der Liebe zu dem eigentlich »fremden« Wesen besser erklären. Das plötzlich hereinbrechende Bewusstsein über die neuen Aufgaben verwandeln das »Fremde« in das »Eigene«, das durch eine intensive libidinöse Besetzung als Teil des eigenen Selbst angeeignet werden kann. Dieser psychische Prozess, der für die Mutter unmittelbar verläuft, wird für den Vater nur durch eine stärkere Erschütterung und Transformation seiner Abwehrstrukturen hergestellt. Dabei verändert sich seine Ich-Identität in einem Ausmaß, das er zu diesem Zeitpunkt noch nicht einmal ahnen kann.

2. Väter und Söhne

Ich stelle diese Konstellation hier voran, weil sie in allen Kulturepochen bis noch in die Gegenwart das archetypische Bild vom Vater beherrscht. Was ist das Besondere an dieser Konstellation? Wie bereits beschrieben, stellen die psychoanalytischen Theorien bis heute den Ödipuskomplex ins Zentrum der Vater-Sohn-Beziehung. Aber konkret beginnt die Beziehung unmittelbar nach dem Erlebnis der Urszene, dann nämlich, wenn die Hebamme dem »stolzen Vater« das Neugeborene für kurze Zeit in den Arm legt. In diesem Augenblick begreift er das Geschlecht seines Kindes. Es wäre unsachlich, wollte man die unterschiedlichen Gefühle eines Vaters verleugnen, der zum ersten Mal einen Sohn oder eine Tochter an seinem Körper hält. Sein »Stolz« gilt naturgemäß stärker einem Sohn. Er ahnt in dieser Situation nicht, welche Stürme er mit ihm noch durchlaufen wird. Die Bedeutung eines Sohnes liegt nicht in erster Linie in seiner Rolle als künftiger Erbe von Hof oder Handwerksbetrieb, in heutiger Zeit noch weniger als früher. Der psychologische Grund liegt in der Gleichgeschlechtlichkeit. Der Vater erlebt den Sohn als Teil seines eigenen Selbst und kann sich darin stärker mit ihm identifizieren. Schließlich war er selbst einmal ein so hilfloses, schreiendes Baby, dann ein Junge, dann ein pubertierender Jugendlicher und endlich ein Mann.

Die Identifikation gilt als der wichtigste beziehungsstiftende Faktor, der durch seine Wechselseitigkeit noch verstärkt wird. Nicht nur der Vater identifiziert sich mit seinem Sohn, sondern dieser auch mit seinem Vater. Die Wechselseitigkeit ist nicht für alle menschlichen Beziehungen, in denen Identifizierungen ablaufen, selbstverständlich. Die meisten Beziehungen bestehen vielmehr aus einseitigen oder nur schwach wechselseitigen Identifizierungen. Das entscheidende Merkmal der Eltern-Kind-Beziehung, das sie von allen anderen Beziehungen unterscheidet, ist ihre ausgeprägte Wechselseitigkeit. Dabei bauen die Mutter-Tochter- und die Vater-Sohn-Beziehungen auf den stärksten wechselseitigen Identifizierungen auf, die im Bereich menschlicher Beziehungen vorstellbar sind. Die schicksalhafte Dialektik in der Mutter-Tochter- und in der Vater-Sohn-Dyade schmiedet beide Paare für die Zeit ihres Lebens und über den Tod des jeweiligen Elternteils hinaus aufs engste zusammen. Die wechselseitige Über-Kreuz-Identifikation in der Mutter-Sohn- und Vater-Tochter-Bindung übertrifft ebenfalls alle außerfamiliären Beziehungen, erreicht aber normalerweise nicht annähernd die Intensität der gleichgeschlechtlichen Identifikation.

Die Beschreibung liefert einen wichtigen Schlüssel zum Verständnis der Dynamik im Vater-Sohn- (und Mutter-Tochter-)Verhältnis. Wenn wir die wechselseitige Identifizierung als einen dialektischen Vorgang auffassen, wird deutlich, dass es sich dabei nicht nur um einen spannungsfreien Gleichklang handelt, sondern im Sinne der inneren Bewegungsgesetze alles Lebendigen auch um konflikthafte Widersprüche, um deren Lösung auf jeder neuen Ebene des Konfliktniveaus gerungen werden muss. Woher stammen diese Widersprüche?

In der frühen symbiotischen Phase zwischen Mutter und Kind besteht zunächst eine konfliktfreie Sphäre einseitiger Identifikation der Eltern mit dem Kind. Erst wenn sich dieses aus der Verschmelzung mit der Mutter löst und seine Individuation einleitet (2. bis 3. Lebensjahr), beginnen auch seine Identifizierungen, aus denen es langsam seine Ich-Identität herausbildet. Die wechselseitige Identifizierung setzt also eine ausreichende Separation von der Mutter voraus. An dieser Stelle beginnt die konflikthafte Dynamik. Der Sohn identifiziert sich zwar mit dem Vater, will sein wie er, aber mit der Beschleunigung des Reifungsprozesses entwickelt er auch einen eigenen Willen und einen eigenen Charakter, mit denen er sich vom Vater abgrenzen muss, um seine Vorstellungen von sich selbst in einer selbstständigen Individualität verwirklichen zu können. Auf der anderen Seite kann auch der Vater sich mit dem Sohn nur voll identifizieren, solange dieser nicht seine Andersartigkeit und abgegrenzte Autonomie zu behaupten versucht. Aus diesen für die Individuation des Sohnes unvermeidbaren Widersprüchen entsteht eine dialektische Spannung bei der wechselseitigen Identifizierung. Einerseits ist sie für beide elementar notwendig – für den Sohn zur Förderung seiner Entwicklung überhaupt, für den Vater, um sein Interesse und seine Zuwendung konstant zu halten –, andererseits bedeutet sie die Gefahr wechselseitiger Behinderung. Eine ausgeprägte Identifizierungsbereitschaft kann für den Sohn die Abgrenzung vom Vater und bei diesem das Loslassen des Sohnes erschweren.

Zur Illustration der theoretischen Zusammenhänge lassen

sich einige Alltagserfahrungen im Leben von Vater und Sohn heranziehen, die in vielen Variationen wiederkehren. »Ganz der Vater« hatte die Säuglingsschwester noch gesagt, als sie dem Vater das Kind auf den Arm gab. Dann verschwand sie mit dem Baby, der Mann verabschiedete sich nach einiger Zeit von seiner Frau und begab sich in ein Café. Er nahm einen Schreibblock aus der Aktentasche und notierte einige Gedanken, um sie im Chaos der Gefühle zu ordnen:

Ort, Datum: »Heute um 11.45 wurde unser erstes Kind geboren. Es ist ein Junge. Wir wollen ihn Benjamin nennen. A. war fantastisch. Ihre entspannte Ruhe zwischen den Wehen, ihr Lächeln, ihre Vorfreude und dann ihr Strahlen, als sie Benjamin im Arm hielt. Jetzt sind wir zu dritt – eine Familie. Auch mich überkam ein unbeschreibliches Gefühl von Wärme und Glück, als ich ihn auf den Armen hielt. Ich begreife plötzlich den Begriff der verschlingenden Liebe. Die armen Mütter. Er wurde bisher nur ihnen angelastet. Aber eben in der Klinik überfiel mich der Impuls, das kleine, knuddelige Ding einfach zu verspeisen. Einverleibt wäre es für immer mein Eigen und könnte meiner dauerhaften Liebe gewiss sein. Nachdem ich diese Gelegenheit verpasst habe und A. darüber auch nicht glücklich gewesen wäre, bleiben mir nur meine Fantasien für die Zukunft. Sicher ist Benjamin sehr intelligent, das sieht man an seinen filigranen Ohrmuscheln. Vielleicht steckt eine große Begabung in ihm. Seine Größe und sein Geburtsgewicht lassen außerdem auf eine kräftige und sportliche Veranlagung schließen. Er wird tüchtig und erfolgreich im Leben sein, sehr beliebt bei den Menschen, die Frauen werden ihm nachlaufen. Ein ganzer Kerl. – Zukunftsträume. Ich muss mir bewusst machen: Er ist ein anderer Mensch als ich, ein von mir getrenntes Wesen, das eines Tages seinen eigenen Weg gehen soll. Ich sehe einen bunten Teppich vor mir, in den alle Erfahrungen eingefärbt sind, die wir gemeinsam vor uns haben, ein Gewebe aus roten, blauen, grünen, gelben, grauen und schwarzen Tönen. Auch wenn das Rot im Moment alles verklärt – heute bin ich erwachsen geworden, und ich weiß, das wirkliche Leben ist eine breite Palette, die keine Farbe auslässt.«

Nach der Urszene der Geburt und den ersten Zukunftsprojektionen stellen die veränderten Verhältnisse den Vater schon bald vor eine neue Realität. Wickeln, in den Armen wiegen, baden, abtrocknen, dabei kuscheln, eincremen, füttern, ins Bett legen, im Kinderwagen spazieren fahren, herzen und scherzen. Anders als früheren Vatergenerationen sind den heutigen Vätern diese Verrichtungen meist vertraut, am Wochenende, manchmal unter der Woche, in den Ferien und nachts, wenn sie im Wechsel mit der Mutter das schreiende Baby aufnehmen, es herumtragen und das Trinkfläschchen aufwärmen.

Es ist wahr, diese Tätigkeiten sind ihnen nicht auf den Leib geschrieben, ihnen fehlt der Nestinstinkt, sie versuchen sich zu drücken, wenn die Brutpflege zur Last wird, es gibt viele Dinge, die sie lieber tun. Aber sie geben sich Mühe, das neue Handwerk zu erlernen. Manchmal macht es richtig Spaß, und natürlich wissen sie, wie stark die Nähe zu ihrem Kind von dieser Präsenz abhängt und wie sehr sie die Bindung prägen wird. Sie lieben ihr Kind, und so tun sie, was getan werden muss, bis aus dem hilflosen Baby ein Kind geworden ist, mit dem man endlich »etwas Richtiges« anfangen kann. Gesellschaftlich gesehen mögen Väter bereit sein, sich die Fertigkeiten der frühen Babypflege anzueignen, aber emotional werden sie sich wohl kaum jemals in gleicher Weise mit ihnen identifizieren können wie Mütter. Daher der bekannte und von Frauen beklagte Widerspruch, dass auch die »Neuen Väter« zwar ein Ideal der Aufgabenteilung in der Frühversorgung des Säugling vertreten, das sie in der Realität aber nicht annähernd einlösen. Der Widerspruch dürfte weniger mit einer bewussten Weigerung als vielmehr mit einer geringer entwickelten Regressionsfähigkeit und -neigung zusammenhängen. Schließlich mussten sie in Ururzeiten immer sprungbereit sein, zur Aktion fähig, zum Kampf bereit, um Mutter und Kind vor Feinden zu schützen. Das steckt noch als Ahnung in ihnen und kann jederzeit bei drohenden Gefahren reaktiviert werden. Noch heute erleben wir täglich überall auf der Welt, wie Väter im Krieg oder in anderen Katastrophensituationen diesem obersten Gebot folgen, »Frau und Kinder in Sicherheit zu bringen«.

Die vielen präverbalen Verständigungsformen mit dem Baby aber setzen die Möglichkeit zur symbiotischen Verschmelzung voraus, über die nur die Mutter verfügt und im Lebensinteresse des Kindes verfügen muss. Die größere Gefühlsnähe der Frau, vor allem ihre Möglichkeiten, diese expressiv auszuleben, mögen in der mütterlichen Disposition zur Regression eine wichtige Wurzel haben. Tatsache bleibt und ist durch viele Untersuchungen bestätigt, dass Väter ein auch affektiv ausgeprägtes Engagement für ihre Kinder erst aufbauen, wenn diese mit der Loslösung von der Mutter ihr Babystadium verlassen und durch die Entwicklung ihrer geistigen und motorischen Fähigkeiten eigene Konturen gewinnen. In dieser Zeit ab dem zweiten bis dritten Lebensjahr beginnt auch die wechselseitige Identifizierung.

Väter und Söhne. Der Sprössling hat inzwischen Laufen und Klettern gelernt und artikuliert seinen Willen lautstark mit ersten Worten, kleinen Sätzen und wilder Gestik. Die Beziehungsaufnahme zwischen Vater und Sohn erfolgt ab jetzt hauptsächlich über die motorische Aktion. Wie vorher das Baby, hebt der Vater auch den kleinen Jungen zu sich hoch, wirft ihn in die Luft und lässt ihn in die sicheren Arme zurückfallen. Der Junge bewundert die Kraft des »Riesen«, möchte sie immer wieder spüren, lässt sich an einem Arm und einem Bein anfassen und wie von einem Karussell herumwirbeln, er klettert am Bein des Vaters hoch, bis er glücklich auf dessen Arm sitzt. Und schon beginnt das Spiel von neuem. Die beiden spielen »Schubkarre«, balgen sich auf dem Fußboden, und wenn ihnen die Luft ausgegangen ist, bauen sie konzentriert mit Bauklötzen Türme, Häuser, Brücken, Mauern, lassen kleine Autos Wettrennen fahren und üben sich in ersten Ballspielen.

In der Väterliteratur werden zahlreiche Untersuchungen über elterliches Spielverhalten zitiert, die einen konstanten Befund liefern, ohne dass dieser psychologisch begründet würde: Väter bevorzugen motorische, Mütter kontemplative Spiele; Väter lieben aktives Handeln, Mütter sprechen mehr mit ihren Kindern, lesen ihnen vor oder singen mit ihnen. Insgesamt gelten Väter als spielfreudiger als Mütter. Die vorangegangenen Kapitel haben uns auf eine mögliche Deutung vorbereitet. Spiel ist für den Mann vornehmlich kulturell verwandelte Aggression. Wie im Beruf, insbesondere bei handwerklichen Tätigkeiten, oder im Sport wird auch im Spiel mit den Kindern das überschüssige Triebpotenzial in eine sozial adaptierte, lustvolle Aktionsform eingebunden. Indem sich der Vater mit den Spielwünschen des Kindes identifiziert, kann er sein latentes Aggressionsbedürfnis »spielerisch« umsetzen und damit für sich selbst und seine Umwelt gefahrlos machen. »Das Kind im Mann« meint also in erster Linie eine spezifische Variante der Neutralisierung aggressiver Energien. Psychoanalytisch handelt es sich dabei um eine Regression auf die anale Phase der kindlichen Entwicklung, in der die Aggression durch die Entfaltung der Motorik eingeübt wird, aber im sozialen Kontext letztlich noch ungefährlich bleibt. Solange der Mann »spielt«, ist er »friedlich«. Erst wenn aus dem Spiel Ernst wird, können die Folgen schrecklich sein.

Umgekehrt bietet der Vater in seinem Spiel ein Vorbild an, mit dem sich das Kind und besonders der Junge identifizieren kann. Diese Identifikation stimuliert die motorischen Handlungsbereitschaft und die aggressive Expansion, die für die kindliche Weiterentwicklung unentbehrlich sind. Gleichzeitig zeigt der Vater dem Sohn durch das Spiel, wie sich destruktive Impulse konstruktiv umwandeln lassen.

An dieser Stelle, an der es zur wechselseitigen Identifikation kommt, lauern speziell im Vater-Sohn-Verhältnis die ersten Tücken. So harmlos die geschilderten Spielszenen zunächst anmuten, kann doch in ihnen ein Konfliktpotenzial verborgen sein, das im Verlauf der weiteren Beziehung immer schärfer hervortritt. Zunächst bewundert der Sohn die Größe und Stärke seines Vaters und seine überlegenen Fähigkeiten in allen praktischen Dingen des Lebens. Die Bewunderung aktiviert seine motorische Bewegungslust, seine Experimentierfreude, seine Neugier, seinen Abenteuerdrang und seinen Mut. Nur bei genauerer Beobachtung des gemeinsamen Spiels fallen einem zuweilen die kleinen aggressiven Durchbrüche des Sohnes auf, zum Beispiel, wenn er einen vom Vater gebauten Turm aus Bauklötzen mutwillig einreißt, wenn er ein Auto in die Ecke schleudert, das nicht so weit gefahren ist wie das des Vaters, oder schließlich, wenn er mitten im Spiel den Vater plötzlich und scheinbar unmotiviert schlägt oder mit Füßen tritt. Der »Riese« spürt nichts, geht darüber hinweg und merkt nicht, was in dem »Zwerg« vor sich geht: Es ist der Beginn einer Konkurrenz zwischen Vater und Sohn, der ihrer beiden Leben bei aller Liebe und Kooperation schicksalhaft begleiten wird.

Riesen, ob in Märchen, Mythen oder Träumen, sind bekanntlich Symbolfiguren für die kindliche Grunderfahrung vom Größen- und Machtunterschied zwischen dem Erwachsenen und dem Kind. Literarisch hat Jonathan Swift in seinem Roman »Gullivers Reisen« diesen Zusammenhang beschrieben. Einige Zitate aus seiner psychologisch brillanten Geschichte mögen dies belegen:

Auf seiner zweiten Reise wird Gulliver nach Brobdingnag verschlagen. Bei seiner Landung trifft er auf einen Eingeborenen. »Ein mittlerer Kirchturm mochte ihm mit der Spitze gerade an die Stirn gehen; mit jedem Schritt brachte er, wenn ich richtig schätze, etwa zehn Yards hinter sich. Ich staunte, zugleich aber packte mich eine solche Angst, dass ich davonrannte und mich im Kornfeld versteckte … Mit einer Stimme, die lauter als eine Posaune schallte, rief er irgendetwas …« Vor seiner Entdeckung durch den Riesen überlegt Gulliver, was in diesem Fall mit ihm geschehen würde: »Denn man weiß ja, dass menschliche Wesen, je größer sie sind, desto wilder und grausamer werden – was also hatte ich anderes zu erwarten, als dass der erste dieser Barbaren, dem ich in die Quere käme, mich packen und mit einem einzigen Biss auffressen würde? Die Philosophen haben zweifellos Recht, wenn sie behaupten, dass nichts an sich groß oder klein ist, sondern nur im Vergleich mit anderen.« »Erschreckt und verwirrt« und ständig in der Gefahr, von dem Riesen »mit dem nächsten Schritt entweder zertreten oder mit der Sichel zerhauen« zu werden, wurde er schließlich von diesem gefunden. Zwischen Daumen und Zeigefinger des Riesen um die Taille gefasst und hochgehoben, »war (ich) darauf gefasst, dass er mich jeden Augenblick zu Boden schmeißen würde, wie wir es gewöhnlich mit kleinen, abscheulichen Tieren tun, die wir vernichten wollen. Ich konnte mir denken, was er wollte, und war zum Glück geistesgegenwärtig genug, mich hier, wohl sechzig Fuß über der Erde und obwohl er mir ziemlich die Hüften quetschte, vollkommen still zu verhalten aus Angst, dass er mich sonst fallen lassen würde. Ich wagte lediglich, meine Augen zum Himmel zu heben und die Hände flehend zu falten, wobei ich demütig und melancholisch einige passende Worte sprach.«[18]

Die Vater-Riesen sind sich in der Regel ihrer von Swift geschilderten Eigenschaften und ihrer Wirkung auf das Kind kaum bewusst. Der Sohn spürt die absolute Überlegenheit des Vaters und dessen ständiges Bemühen, diese zu drosseln. Er fürchtet die aggressiven kleinen Attacken, wenn der Vater seinen motorischen Aktionen gelegentlich ein »etwas zu viel« beimischt, zum Beispiel, wenn er den Sohn etwas zu lange in der Luft herumwirbelt, ihn beim Balgen etwas zu fest an sich drückt oder den Ball etwas zu scharf schießt. Der Wechsel vom Lachen zum plötzlichen Weinen des Kindes ist ein untrügliches Zeichen für den subtilen, meist unbewussten Machtmissbrauch des Vaters, ein Verhalten, das sich auch im Tierreich beobachten lässt, zum Beispiel wenn Hundeeltern ihre Welpen beim Herumtollen »etwas zu kräftig« im Nacken packen und diese plötzlich aufwinseln.

Die Widersprüche zwischen Kleinsein und Größe, Macht und Ohnmacht, Bewunderung und Angst kennzeichnen ab dem Stadium der wechselseitigen Identifizierung das Vater-Sohn-Verhältnis. Um diese Widersprüche zu lösen, muss das ganze Bestreben des Sohnes darauf gerichtet sein, sich einerseits dem übermächtigen Einfluss des Vaters zu entziehen und andererseits genauso zu werden wie er. Damit wird ein neuer Widerspruch geschaffen, der aber eine höhere Ebene erreicht hat. Äußerlich wird er dann erkennbar, wenn der Sohn beginnt, seine Angst zu überwinden und sich seinerseits gegen den Vater zu behaupten, wie dies in den geschilderten aggressiven Durchbrüchen des Sohnes beim Spiel zum Ausdruck kommt. Während das Spiel für den Vater der Sublimierung seiner Aggression dient, steht für den Sohn die spielerische Entfaltung seiner aggressiven Fähigkeiten im Vordergrund.

Die dynamische Bedeutung des Spiels liegt also speziell bei der Vater-Sohn-Beziehung in der »friedlichen« Bewältigung des aggressiven Triebschicksals. Die zusätzliche libidinöse Besetzung des Spiels macht dieses für beide zu der lustvollsten Zeit ihrer gemeinsamen Lebensspanne.

Es sind meist die Väter, die ihre Kinder in der Entfaltung ihrer motorischen Fertigkeiten, ihres ad-gredi, das heißt ihrer Fähigkeit, zupacken und sich verteidigen zu können, und im praktischen Handeln anleiten. Ab dem vierten bis fünften Lebensjahr nehmen die entsprechenden Geschicklichkeiten der Kinder sprunghaft zu. Durch Nachahmung und wechselseitige Identifizierung profitieren Söhne weit mehr vom väterlichen Vorbild als Mädchen. Sie lehnen sich jetzt immer stärker an den Vater an, während die Töchter sich mehr mit der Mutter identifizieren. Der Vater seinerseits ist eher bemüht, einem Sohn die Fertigkeiten beizubringen, die zur männlichen Identitätsfindung notwendig sind. Gemeinsam klettern sie auf hohe Bäume oder spielen Fußball; aus dem Balgen wird jetzt das ritualisierte Ringen und Boxen, wobei der Vater dem Sohn Mut, Stärke und das dosierte Ertragen von Schmerz zumutet. Er gibt dem Sprössling zum ersten Mal richtiges Werkzeug in die Hand und zeigt ihm, wie man Hammer, Zange und Schraubenzieher benutzt. Gemeinsam reparieren sie elektrische Leitungen und kleinere Dinge im Haushalt. Er baut mit den Kindern Burgen in den Sand oder Strandhütten aus angeschwemmten Brettern, schraubt eine Schaukel in den Türrahmen oder an den Ast eines Baumes. Je nach eigenen Interessen bringen Väter ihren Kindern Schwimmen, Fußball, Fahrradfahren, Tischtennis und später Tennis und Skifahren bei. Sie rennen mit ihnen um die Wette, zeigen ihnen, wie man durch die Finger pfeift, wie man Handstand, Kopfstand oder Radschlagen macht, wie man mit scharfen Messern Hölzer schnitzt, Fische angelt, Felswände hochklettert, Lagerfeuer anzündet.

Nur Väter – jede Regel kennt ihre Ausnahme – bringen ihren Söhnen das Schachspielen bei, das Königsspiel, in dem sich Intellekt und aggressive Energie aufs glücklichste vereinen. Diese Verbindung bewirkt bei Vätern und älteren Söhnen die gleiche Leidenschaft, weil bei diesem Spiel eine höhere Ebene des Wettstreits betreten wird. Die körperliche Auseinandersetzung mündet ja in die geistige. Allerdings scheint wegen der hohen Symbolkraft des Spiels hier eine Warnung an Väter angebracht, die ich kurz an der beeindruckenden Geschichte eines Freundes illustrieren möchte. Er erzählte sinngemäß: »Mein Vater brachte mir das Spiel in der späten Kindheit bei. Ich erinnere mich nicht mehr, warum wir es bald wieder aufgaben. Erst nach dem Studium entdeckte ich es durch Freunde wieder. Bei meinem nächsten Besuch bei den Eltern schlug ich meinem Vater vor, die Tradition aus Kinderzeit aufzugreifen. Während des Spiels bemerkte ich, wie er zunehmend aufgeregter wurde und schwitzte. Ich gewann und wusste in dem Augenblick, dass ich ihn geschlagen hatte, meinen großen Vater zum ersten Mal in meinem Leben geistig bezwungen. Schachmatt! Er hat dann nicht mehr mit mir gespielt, sein Herz halte es nicht aus, meinte er.

Später brachte ich das Spiel meinem Sohn bei, als er etwa fünf Jahre alt war. Er hatte mich gelegentlich mit Freunden spielen sehen und wollte es auch lernen. Ich zeigte ihm die Züge und ließ ihn gewinnen. Eines Nachts kam er weinend aus dem Zimmer. Er hatte von riesigen dunklen Gestalten geträumt, die drohend auf ihn zukamen. Wir haben dann erst viel später wieder zusammen gespielt.«

Der Abschluss der »Spielzeit« mit den Kindern erfolgt in der Regel, wenn diese »groß« sind, das Wahlalter erreicht und den Führerschein machen dürfen. Dann lassen viele Väter sie zur Vorbereitung zum ersten Mal auf einem harten Küstenstrand, auf Feldwegen oder stillen Parkplätzen ans Steuer ihres Autos. Kupplung treten, Gang rein, etwas Gas geben, Kupplung langsam kommen lassen. Der Wagen fährt. Ein Traum geht in Erfüllung.

In der psychoanalytischen Symbolsprache gilt das »Auto« in wörtlicher Übersetzung der lateinischen Bedeutung als Repräsentant des eigenen Selbst. Ein Auto fahren zu können oder gar eines zu besitzen, stellt daher für den Heranwachsenden, und nicht nur für ihn, einen enormen Zuwachs an Selbstgefühl dar, mit dem er durch das Auto neu gewonnene Unabhängigkeit, Freiheit und Selbstständigkeit genießt. Die Erfahrung, vom Vater zu diesem Schritt ermutigt und angeleitet worden zu sein, fasst besonders für Jungen im Rückblick auf das Kaleidoskop der gemeinsamen Spielwelt von der frühen Kindheit bis zu diesem Augenblick alles zusammen, was die wechselseitige Identifizierung an Reife und männlicher Identität gestiftet hat. Erst wenn der Sohn »selbst ein Auto fahren kann«, hat er die innere Trennung vom Vater eingeleitet, so wie er sich damals von der Mutter gelöst hat, als er »auf eigenen Füßen stehen« konnte. Aber die Trennung ist schwer, weil der Vater nicht nur als »gutes Objekt« verinnerlicht wird, sondern die übermächtigen Anteile an ihm in das umgewandelt werden, was wir als Gewissen oder Über-Ich bezeichnen. Dieses Über-Ich bleibt zeitlebens das Ziel von Aufruhr, Protest und Widerstand, weil es dem Ich die Regeln seines Handelns vorschreiben möchte. Wie lässt sich aber eine eigene Ich-Identität entwickeln, wenn eine innere Instanz das Ich ständig kontrolliert und über die Einhaltung der Gesetze wacht, die die prägende Kraft des Vaters in einem errichtet hat?

Aus diesem Widerspruch wurden die zahllosen ödipalen Vater-Sohn-Dramen der Weltliteratur gestaltet.[19] In ihnen treten in der Regel erwachsene Söhne und ältere Väter auf, die nur deswegen noch so mächtig sind, weil sie von der Kindheit bis zur Adoleszenz genügend Zeit hatten, sich als Gewissensinstanz in der psychischen Struktur der Söhne zu verankern und von hier aus ihre Herrschaft weiter auszuüben. Wenn sie sich dort nicht verewigt hätten, wäre ihre Macht längst gebrochen.[20]

Aber jenseits aller ödipalen Konflikte beim Kampf um Autonomie und eine eigene Identität steht ein weiteres Thema an, das die Vater-Sohn-Beziehung entscheidend charakterisiert. Es wird begreifbarer, wenn man die psychologische Tatsache berücksichtigt, dass die Väter nicht durchgehend selbstlos und uneigennützig mit den Söhnen spielen und sie fördern.

So lustvoll der Umgang mit ihnen neben allen unvermeidbaren Auseinandersetzungen auch ist, so sehr dient ihr Einfluss, meist unbewusst, auch dazu, die Söhne nach dem eigenen Ebenbild zu formen.

»Und Gott sprach: Lasset uns Menschen machen, ein Bild, das uns gleich sei«, [21] heißt es in der Schöpfungsgeschichte des Alten Testaments. Das Neue Testament formuliert den Vorsatz um: »Darum sollt ihr vollkommen sein, gleichwie euer Vater im Himmel vollkommen ist.«[22] Der christliche Schöpfungsmythos ruht bis heute als archaisches Erbe in den Seelen aller irdischen Väter. Einen Sohn zu zeugen und zu erziehen, der »vollkommen« ist und der in sich alle Eigenschaften verkörpert, die der Vater für sich selbst erfüllt oder häufiger ersehnt hat, wäre der Beweis seines schöpferischen Funkens, mit dem er die Vergänglichkeit besiegen und sich die Ewigkeit aneignen könnte. Zumindest mildert die Reproduktion des eigenen Selbst in Gestalt des Sohnes die schmerzhafte Erkenntnis der eigenen Endlichkeit.

Mit dieser Dimension der Vater-Sohn-Beziehung wird etwas Neues in die Schicksalsgemeinschaft eingeführt: der Narzissmus. Der Begriff ist der griechischen Sage von Narziss entlehnt, jenem schönen Jüngling, der jede Liebe zu anderen Menschen verschmäht, weil er durch das Spiegelbild in einem Teich der eigenen Selbstliebe verfallen ist. Bereits Freud unterschied zwischen einem gesunden Narzissmus, bei dem das Selbst für seine Stabilität mit genügend libidinöser Energie aufgeladen sein muss, und einem pathologischen Narzissmus, bei dem der andere nicht um seiner selbst willen geliebt, sondern der ausschließlichen Befriedigung eigener Bedürfnisse dient. Heute spielt der Narzissmus in der psychoanalytischen Theorie eine zentrale Rolle, um viele menschliche Verhaltensweisen und Krankheitsformen besser verstehen und behandeln zu können.

Mit dieser Entwicklung wurde eine wichtige Ergänzung zum Ödipuskomplex notwendig. Stand nach bisherigem Verständnis der konkurrierende Machtkampf zwischen Vater und Sohn im Vordergrund, verschiebt die Einführung des Narzissmus die Akzente. Zur Illustration eignen sich zwei Extreme von Vaterstrukturen, die schwachen und die starken Väter. Sie bilden die Realität heutiger Vaterschaft genauer ab und sind verbreiteter, als die summarische Bezeichnung »Väter« erkennen lässt.

Die schwachen Väter sind oftmals die weniger begabten, ängstlichen, erfolg- und machtlosen Männer, die die Kränkung ihrer Benachteiligung nicht verarbeiten konnten. Sie delegieren an ihre Söhne die Aufgabe, so zu werden, wie sie selbst immer sein wollten. Wenigstens in ihnen sollen die ersehnten Träume in Erfüllung gehen. Alle Eltern entwickeln Fantasien darüber, was ihre Kinder einmal werden sollen. Solche Projektionen eigener Wünsche sind natürlich. Es kommt auf die Gewichtung an und auf die bewusste wie unbewusste Intensität, mit der solche Wünsche gegen die Anlagen und Interessen der Kinder durchgesetzt werden. Die schwachen Väter kompensieren bei ihren narzisstischen Delegationen den Mangel an eigener Autorität häufig durch moralischen Druck, Unduldsamkeit, Verachtung, Drohung, Bestrafung und nicht selten mit körperlicher Gewalt, um ihre eigenen verfehlten Vorstellungen und Lebensziele beim Sohn zu verwirklichen.

Söhne müssen zwangsläufig an solchen Delegationen scheitern, weil sie anders sind als die Väter, weil sie weder »vollkommen« sind noch dem »Bild gleichen«, in dem sich die Väter spiegeln wollen.

Eine andere Variante in der narzisstischen Beziehung eines schwachen Vaters zu seinem Sohn bildet die kritiklose Liebe. Solche Väter beten ihre Söhne an wie Joseph das Christuskind, stilisieren sie zu kleinen Göttern, verherrlichen sie in all ihren noch so banalen Taten und ihren gar nicht mehr so harmlosen Untaten. Wenn über Letztere von Dritten Klage geführt wird, bagatellisieren die Väter sie oder formen sie gar zu Heldentaten um, die kommende Größe ankündigen. Solche Väter haben meist völlig verzerrte Bilder von ihren Söhnen im Kopf. Unsere Welt wäre von Genies, großen Künstlern, Nobelpreisträgern, charismatischen Politikern, Humanisten, Spitzensportlern, Philosophen, Erfindern und Wirtschaftsbossen übervölkert, würden auch nur Bruchteile der illusionären Erwartungen in Erfüllung gehen. Es handelt sich bei solchen Projektionen um narzisstische Spiegelungen von Vätern, die in ihrem eigenen Selbstwertgefühl schwerwiegend verletzt wurden. Im konkreten Erziehungsalltag sind sie unfähig, den Söhnen Grenzen zu setzen und deren extrem stimulierten Narzissmus zu bremsen.

Psychologisch verhängnisvoll ist diese narzisstische Liebe, weil der Mangel an Führung und sicherem Vorbild zu einem nur schwach organisierten Über-Ich führt, zu einem Gewissen, das im Dienst eines grandiosen Selbstbildes steht und das sich gegenüber den eigenen Schwächen und Unzulänglichkeiten ebenso kritiklos und permissiv verhält wie ursprünglich der Vater. Bei dieser inneren Konstellation ist zwangsläufig ein späteres Scheitern vorprogrammiert, das die eigene Leistungsfähigkeit ebenso wie persönliche und soziale Bindungen betreffen kann. Der frühe Mangel an Reibung und Auseinandersetzungen durch die Vermeidung des ödipalen Konflikts ist für die spätere Reifung oft verheerender als ein Zuviel an Autorität, weil es diesen Söhnen an Selbstkontrolle fehlt und ihre künstlich gezüchtete Selbstliebe im Falle des Versagens in einen zuweilen suizidalen Selbsthass umschlagen kann. Bei der »kritiklosen« Liebe fehlt oft das notwendige Maß an aggressiver Konkurrenz, dieser schicksalhaften Komponente in der Vater-Sohn-Beziehung. Wie lebensnotwendig sie für den Ich-Aufbau, die Ich-Identität und eine ausreichend verantwortliche Gewissensinstanz ist, wird erst in den Folgen der narzisstischen Liebe deutlich. Die Täuschung über die angeblich harmonische Beziehung zwischen Vater und Sohn schlägt für beide in Enttäuschungswut um, wenn der Sohn an seinen Lebensaufgaben scheitert. Dabei resultiert die Rache des Vaters aus der Zerstörung seiner Illusionen, die des Sohnes aus der Erkenntnis, dass der schwache Vater ihm die Kraft zu kämpfen versagt hat.

Auch in der Beziehung zwischen starken Vätern und ihren Söhnen wird der Narzissmus zum Problem, weil er den ödipalen Konflikt abschwächt oder unmöglich macht. Bei diesen Vätern handelt es sich meist um Männer, die es durch Tüchtigkeit, Ehrgeiz, Begabung und ständige Leistung zu einigem beruflichen Erfolg gebracht haben. Viele von ihnen gehören zu den Führungsschichten in Politik, Wissenschaft, Kultur, Wirtschaft oder anderen Einrichtungen des öffentlichen Lebens. Für die heranwachsenden Söhne haben sie sich aus den körperlichen zu den geistigen oder ökonomischen Riesen verwandelt, die jemals zu erreichen jenseits ihrer Vorstellungskraft liegt. In dieser oft tragischen Konstellation scheint jede Konkurrenz zwecklos, zumal die unerreichbaren Väter in ihrer Unangreifbarkeit Gefühle von Konkurrenz kaum aufkommen lassen. Hier sind es die Söhne, die ihre Väter bedingungslos akzeptieren und auch grenzenlos idealisieren. Sie kompensieren ihre hoffnungslose Lage durch Überidentifikation mit den Vätern. Dieser Abwehrmechanismus erspart ihnen für lange Zeit die Wahrnehmung ihrer Aggressionen und ihrer eigenen Unterlegenheit und Ohnmacht. Indem sie den Vater blindlings bewundern, werden sie zu einem Teil von ihm und partizipieren an seinem Ruhm. Statt auf der Suche nach eigener Identität die Idealisierung des Vaters aufzugeben, sich zu lösen und abzugrenzen, bleiben sie ewig gebunden. Das Dilemma liegt darin, dass die verdrängte Aggression auf Dauer gegen das eigene Ich gerichtet wird. Solche Söhne zeichnen sich oftmals durch eine allgemeine Gehemmtheit, Ängstlichkeit und ein schwaches Selbstvertrauen aus, wodurch die Entwicklung ihrer ursprünglichen Anlagen und Fähigkeiten zusätzlich behindert wird.

Besonders beeindruckt bin ich immer wieder von folgender Beobachtung bei der Behandlung von heranwachsenden Söhnen beruflich recht erfolgreicher Männer: Die Überidentifizierung verleitet sie unbewusst dazu, den gleichen oder einen ähnlichen Beruf wie den des Vaters zu erlernen. Dabei geraten sie erst in dem Augenblick in eine Krise, in dem sie, zum Beispiel aus Anlass eines bevorstehenden Examens, realisieren müssen, dass die Fußstapfen, in die sie treten wollten, zu groß geraten sind. Wenn man im Verlauf der Therapie genauer nachforscht, haben diese Söhne in ihrer Kindheit und Jugend Interessen und Begabungen entwickelt, die völlig konträr zum Beruf des Vaters und ihrem jetzigen Berufswunsch standen. Sie wurden unter dem Eindruck des väterlichen Vorbildes restlos aufgegeben.

In der von Jens Haustein herausgegebenen Sammlung »Briefe an den Vater« sind diejenigen am eindrucksvollsten, in denen die Söhne oft voller Verzweiflung ihre Väter um Verständnis und die Erlaubnis bitten, einen anderen Beruf ergreifen zu dürfen, nachdem sie zunächst dem väterlichen Wunsch oder Befehl gefolgt sind.[23] Auch wenn die Tradition der Bestimmung des Berufes durch den Vater, die den absoluten Gehorsam des Sohnes zur Voraussetzung hatte, längst gebrochen ist, wird aus den angedeuteten psychotherapeutischen Erfahrungen erkennbar, über welche psychologischen Mechanismen dieser »Gehorsam« auch heute noch verinnerlicht werden kann. Der übermächtige Vater erzwingt nicht durch äußere Machtausübung, sondern durch unbewusste narzisstische Delegationen die Rollenübernahme durch die Söhne, wobei sich diese, von ihren eigenen Bedürfnissen entfremdet, den väterlichen Fantasien und Wünschen in kritikloser Liebe unterwerfen. Heute sind es oftmals die Psychotherapeuten, die den vatergebundenen Söhnen »die Erlaubnis erteilen« müssen, das zentnerschwere Erbe abzuwerfen und ihren eigenen Weg zur Selbstfindung, unter Umständen durch einen Berufswechsel, zu gehen.

Durch den Verzicht auf die phallisch-ödipale Konkurrenz wird aber häufig nicht nur die Berufsidentität der Söhne beeinträchtigt, sondern auch ihre männliche Identität bleibt unter den geschilderten Vorzeichen unentwickelt. Deswegen werden sexuelle Beziehungen oft nur mit großer Zeitverzögerung aufgenommen.

Wir sehen, dass nicht nur schwache, sondern auch starke Väter, wie Väter generell, in der großen Versuchung und Gefahr sind, besonders ihre Söhne meist unbewusst nach ihrem eigenen realen oder fantasierten Ebenbild zu schaffen, um ihren grandiosen Schöpfungsdrang zu befriedigen.

Das Konzept der Vater-Sohn-Beziehung, das bisher unter den Vorzeichen der ödipalen Auseinandersetzung stand, muss nach unserem derzeitigen Wissen und vielen Alltagsbeobachtungen und therapeutischen Erfahrungen dringend um das Konzept vom Narzissmus erweitert werden. Der ödipale Macht- und Konkurrenzkampf hat sich in unserer Zeit deutlich abgeschwächt. Es gibt, wie noch in den Vater-Sohn-Dramen der Weltliteratur, keine Königshöfe mehr zu verteidigen, keine Grafschaften oder sonstige feudale Latifundien. Auch der Kampf um weltanschauliche Positionen, wie er früher in Zeiten starker ideologischer und politischer Umwälzungen zwischen Vätern und Söhnen ausgetragen wurde, hat sich, wenn er unter dem Deckmantel demokratischer Harmonisierungen überhaupt noch stattfindet, weitgehend aus der Familie auf die Straße verlagert. Der Autoritarismus, mit dem Väter noch bis zum Ende des Zweiten Weltkrieges an der Erhaltung von Traditionen, von Sitte, Moral und Ordnung festhielten, hat sich unter dem Einfluss der allgemeinen Liberalisierung von Weltanschauungen und der Pluralisierung individueller Interessenlagen aufgelöst.

Fünfzig Jahre Demokratie und ein rapider Wandlungsprozess auf allen Ebenen der Gesellschaft haben nicht nur das traditionelle Familiensystem verändert, sondern auch die Struktur der Vater-Sohn-Beziehung als einen Teil dieses Systems. Die Einschränkungen, die der Ödipuskomplex durch die Einbeziehung der Narzissmustheorie erfährt, berühren nicht die grundsätzliche Frage der Autorität des Vaters und die damit verbundenen Auseinandersetzungen mit dem Sohn. Im Rahmen seines Erziehungsauftrages ist jeder Vater zur Autorität verpflichtet. Er muss der primären »Asozialität« seines Sohnes, seiner Willkür, seinem oft unerträglichen Egoismus, seinen ohrenzerreißenden Schrei- und Trotzanfällen, seinem grenzüberschreitenden Willen und seiner noch ungesteuerten Aggression und Wildheit Grenzen entgegensetzen, Regeln festlegen, Entschiedenheit zeigen und verbindliche Konturen schaffen. Ohne eine konsequente Haltung wäre der Sohn hilflos seiner unkontrollierten Impulswelt ausgeliefert.

Ihre zunächst äußere Steuerung ist notwendig, um im Sohn die Entwicklung jener Instanzen zu fördern, die bei ausreichender Reife die innere Kontrolle über die Trieb- und Gefühlswelt selbst übernehmen können. Der Aufbau eines autonomen und selbstverantwortlichen Ich und eines Über-Ich, deren Kräftespiel zwischen Gewähren individueller Freiheit und Forderung nach sozialer Integration angemessen ausbalanciert ist, bedarf der konstanten väterlichen Führung.

Die dabei unvermeidbar auftretenden Machtkämpfe fordern den Vater in seiner ganzen Stärke heraus, aber auch in seiner Liebe und Zuwendung, die oft auf eine harte Probe gestellt werden. Dieser Teil der väterlichen Verantwortung ist nicht auf eine bestimmte Entwicklungsphase beschränkt und daher nur bedingt durch den Begriff der Ödipalität gedeckt. Vielmehr greift die Autorität des Vaters bereits in der frühen Individuationsphase ein, in der die motorischen Funktionen und der kindliche Wille sprunghaft expandieren, und muss die folgende Entwicklung bis weit über die Pubertät hinaus ständig begleiten.

Auch der Narzissmus des Vaters wirkt ab der Geburt des Sohnes bis in die Adoleszenz in dessen Entwicklung hinein und tritt konkurrierend gegen die väterlichen Führungsaufgaben an. Er wirft auch deswegen besondere Probleme auf, weil seine narzisstischen Bedürfnisse in einer Zeit und in einer Gesellschaft angesiedelt sind und von diesen bestätigt werden, in denen der Individualismus seine Grenzen gesprengt und ein »Zeitalter des Narzissmus« eingeleitet hat, in dem das Ideal der Selbstverwirklichung alle sozialen Normen außer Kraft zu setzen beginnt.[24] Davon bleiben auch Eltern-Kind-Beziehungen nicht verschont.

Der Kern der Beziehungsdynamik zwischen Vater und Sohn scheint nach allen Überlegungen in heutiger Zeit weniger in der ödipalen, sondern stärker in der narzisstischen Konkurrenz zu liegen. Sie stellt die zeitlich frühere und abgründigere Konfliktebene dar, auf der alle Fragen von Autorität und ödipaler Auseinandersetzungen erst aufbauen. Beide wollen vom anderen bewundert und geliebt werden, so, wie sie sind.

Beide sehen im anderen das Spiegelbild des eigenen Selbst. Beide idealisieren den anderen und identifizieren sich mit ihm aus narzisstischer Verliebtheit. Irgendwann holt sie die Realität ihrer Wesensunterschiede und ihrer eigenständigen Identitäten ein. Dabei kommt es zu wechselseitigen Entidealisierungen und Enttäuschungen über nicht erfüllte Ideale und Hoffnungen, die beide aufeinander gerichtet hatten. Die Spiegel zerbrechen. Gravierende Unterschiede in den Eigenschaften, Neigungen, Begabungen, Leistungen und Erfolgen, aber auch die Gleichheit von nicht akzeptierten Charakterzügen, die im anderen projektiv abgewertet werden, können heftige Kränkungswut und Vergeltungsaggressionen auslösen. Da diese Prozesse meist unbewusst ablaufen, versteht niemand die Streitigkeiten und die Kämpfe, die zwischen den beiden aus oft banalen Anlässen aufbrechen.

Die tragische Seite der wechselseitigen Desillusionierung ist der Preis, den der Sohn im Ringen um seine Autonomie und um die Durchsetzung neuer Ideale und Ziele zahlt, wie sie jede junge Generation gegen die ältere durchsetzen muss. Der Preis des Vaters ist der Verlust einer Illusion, die nicht ohne Trauer und Schmerz zu leisten ist. Aber wie der Sohn seine Autonomie gewinnt, erreicht der Vater erst jetzt, nachdem alle Konflikte durchgestanden sind, sein wahres Vater-Ideal. Den Sohn zu lieben, ihn zu fördern, Verantwortung für ihn zu tragen, ihn vor Gefahren zu beschützen, ihm Vertrauen zu geben und ihm Vorbild zu sein war seit dessen erstem Schrei nach der Geburt sein bewusstes Ziel. Er erreicht es nur, wenn es ihm gelingt, seinen eigenen Narzissmus zu bändigen. Erst wenn ihm das gelingt, wird er wahrnehmen können, wie viel Hoffnung der Sohn trotz allem erfüllt hat; dann empfindet er einen »Stolz« jenseits aller narzisstischen Erwartungen.

Bei der Geburt des Sohnes wusste er noch nicht, wie schwer alle diese Ziele zu erreichen sind. Das Unbewusste hat oft eine Macht über uns, die sich nur durch einen schmerzhaften Prozess der Erkenntnis überwinden lässt. Erst wenn beide am Ziel ihrer Beziehung angelangt sind, können sie das Eine

Wort sagen, das alles Erkennen und Verstandenwerden zusammenfasst: »mein Sohn«, »mein Vater«.

3. Väter und Töchter

»Eine Rose ist eine Rose ist eine Rose.« Der berühmte Satz Gertrude Steins setzt durch seine Wortwiederholungen die scheinbare Logik außer Kraft, wächst über sie hinaus in einen Raum freischwebender Emotion, die das Unaussprechbare, das Wunder, den Zauber beschwört.

Eine Tochter ist eine Tochter ist eine Tochter. Die fließende Formel ist wie das Gebet eines Vaters über die Tochter, wenn er sie zum ersten Mal in seinen Armen hält. Der Zauber, mit dem das Baby den Mann in einen Vater verwandelt und ihm die Kraft zur väterlichen Liebe eingibt, ist bei Mädchen wie Jungen der gleiche. Aber die Gefühlseinstellung, die er auslöst, unterscheiden sich. Beim Sohn dominiert das Gefühl des Stolzes. Dies lässt sich auch sprachlich begründen: In der mittelhochdeutschen und mittelniederländischen Sprache bedeutete der Begriff Stolz »stattlich, prächtig, hochgemut, verwegen, kühn, Selbstbewusstsein und Hochmut« – Bezeichnungen also, die uns aus dem letzten Kapitel sehr vertraut sind. Durch die Gleichheit zwischen Vater und Sohn, so lauteten die früheren Überlegungen, wird bei der Geburt das Trennende aufgehoben und das Fremde zum Eigenen. Der Sohn repräsentiert für den Vater einen Teil seines eigenen Selbst.

Bei der Tochter dagegen versagt die narzisstische Spiegelung, sie ist ein Teil des anderen Geschlechts und damit eine Fremde vom Beginn des Sündenfalls an. Diese Tatsache führt etwas revolutionär Neues in das emotionale Erleben des Mannes ein. Die entsprechende Gefühlsqualität lässt sich am ehesten als »Erstaunen« beschreiben. Auch dieser Begriff hat eine aus ganz früheren Sprachgebräuchen überlieferte Konnotation: »sich wundern, verwundert blicken«. Das aus verschiedenen

Sprachstämmen bekannte »stünen« meinte »träumend vor sich hinstarren« oder auch »starr sein« und »sich widersetzen«.[25]

Eine Tochter ist eine Tochter ist eine Tochter. Verwundert blickt der Vater das Baby in seinen Armen an, anders als den Sohn hält er es etwas starrer an sich, eine Tochter, unbegreifbar, fremd, zerbrechlich. Er träumt vor sich hin, ein Mädchen, ungläubig blickt er es an, erschrickt ein bisschen und sträubt sich, das Wunder zu verstehen. Soll er, ein Mann, dieses weibliche Wesen gezeugt haben? Dieses Erstaunen wird ihn in seinem Leben noch oft einholen, wird ihn vielleicht immer begleiten, wenn die Tochter heranwächst und hinter ihren Schleiern, ihren Geheimnissen, ihrer Andersartigkeit das Gegenbild langsam sichtbar wird, das sie dem seinen entgegenhält. Die Tochter eine Rose, Symbol für weibliche Schönheit, Anmut und Liebe, für Zuneigung, Jungfräulichkeit, Fruchtbarkeit und Wiedergeburt. Der Vater, der seine Tochter zum ersten Mal betrachtet, weiß das alles nicht, er fühlt nur den Strom, das Unbenennbare durch sich hindurchziehen, eine Mischung aus Zärtlichkeit und Angst, aus Anziehung und Befremden, aus Zuversicht und Sorge. Er weiß nur, er wird sie beschützten – vor Kälte, Wind und vor Schafen.[26]

Er säubert sie, badet sie, wickelt sie wie den Sohn, aber alles ist etwas anders, vorsichtiger vielleicht, eine Spur zärtlicher. Wenn sie sich von der Mutter gelöst hat, ihre Haare schon fast auf die Schultern fallen und ihr Lächeln die ersten mädchenhaften Züge annimmt, beginnt das Vater-Tochter-Paradies für die langen Jahre der Spielzeit. Auch ihre Spiele sind mehr durch die Motorik des Vaters bestimmt als durch die Sprache, aber sie sind weniger wild und ausgelassen als das Spiel mit dem Sohn. Er bringt seiner Tochter Dreirad- und Rollerfahren bei, geht mit ihr durch Parks, Wiesen und Wälder spazieren, erklärt ihr die Namen von Blumen, Bäumen und Sträuchern. Auf einem See lassen sie kleine Papierschiffchen schwimmen, füttern Enten, Schwäne und Möwen, sammeln ihre Flaumfedern und pusten sie in die Luft. Bunte Drachen steigen lassen auf weitem Feld, die wilden Tiere im Zoo, die funkelnden Lichter einer Kirmes. Abends im Bett will sie keine Geschichten hören, die erzählt die Mutter viel schöner; aber immer wieder will sie die Schattenrisse sehen, die der Vater durch Fingerbewegungen auf die Wand neben ihrem Kopfkissen wirft, Hasen mit langen Ohren, Vögel mit spitzen Schnäbeln oder die kleinen Zauberkunststücke, bei denen das Kuscheltier unter der Bettdecke verschwindet und am Fußende plötzlich wieder auftaucht. Puppenstube, Malkasten, Flöte. Er schaut ihr bei ihren ersten Kochversuchen zu, wie sie die Familie um einen Tisch setzt, fast andächtig die Kinderpüppchen zu Bett bringt, wie sie Farben mischt und die Welt aufs Papier wirft, so wie sie sie sieht. Er zeigt ihr, wie man die Finger ganz fest auf die Löcher der Flöte legt, damit beim Blasen reine Töne entstehen.

Es sind diese unzähligen gemeinsamen Erfahrungen und Bilder, die körperliche Nähe und Zärtlichkeit, die Fröhlichkeit eines Kindes, sein Lachen, seine Tränen und Traurigkeiten, die dem Vater seine Tochter schrittweise anverwandeln. Erst durch die gelebte Verwandtschaft kann das ursprüngliche Fremde zum vertrauten Eigenen werden. Der Tochter, so scheint es, gelingt das Wunder, das in der Kindheit des Vaters durch seine Ambivalenz zur eigenen Mutter oft verhindert wurde: Ihr kindliches Wesen zaubert die weibliche Seite des Vaters aus den tiefen Schichten seines Unbewussten an die Oberfläche. Indem er sich mit der Tochter zu identifizieren lernt und das Weibliche in ihr entdeckt, gelingt es ihm, das mütterliche Prinzip in seine väterliche Identität einzubauen. Das ist das unschätzbare Geschenk einer Tochter an den Vater. Während er sie an die äußere Welt heranführt, eröffnet sie ihm eine Innenwelt, die er bisher von seinem Erleben abgespalten und in sich verdrängt gehalten hat.

Im Zeitraum der gemeinsamen Spielwelt werden die äußeren Erlebnisse und die sie begleitenden Gefühle als innere Bilder gespeichert. Durch diesen Prozess der Umwandlung entsteht in der Tochter ein fest umrissenes Vaterbild und im Vater ein Tochterbild. Es sind die prägenden Jahre ihrer Beziehung. Beide verdichten die charakteristischen Eigenschaften des anderen zu inneren Objekten, die im positiven Fall dem Ich in seiner weiteren Entwicklung und bei der Bewältigung von Konflikten hilfreich, tröstend, ermutigend und unterstützend zur Seite stehen. Die Kraft, die von solchen so genannten »guten« Objekten ausgeht, ist nicht nur für die Tochter – ebenso für den Sohn – lebensnotwendig. Was bisher in der Vaterforschung viel zu wenig berücksichtigt wurde: Auch der Vater verinnerlicht seine Kinder, baut sie in sich zu tragenden Objekten um und bezieht aus ihnen eine Stärke, mit der er viele schwierige Lebenssituationen leichter meistert. Nicht zuletzt bewältigt er durch sie auch die Belastungen besser, die durch die Kinder selbst im Verlauf ihrer weiteren Entwicklung auftreten können.

Hierin dürfte auch der entscheidende Grund liegen, warum Väter selbst an ihren noch so »verlorenen« Töchtern und Söhnen unerschütterlich festhalten. Das biblische Gleichnis versinnbildlicht die in der frühen Kindheit entstandene Liebe, die sich als unzerstörbar im Inneren des Vaters etabliert hat, auch wenn die Kinder auf Abwege geraten, lange Umwege gehen oder das äußere Band zu ihnen für lange Zeit oder für immer zerrissen sein sollte.

Die Macht und der enge Wechselbezug von äußeren zu inneren Bildern lassen sich immer wieder besonders anschaulich an der Wirkung von Fotografien nachvollziehen. Ihre Faszination ist besonders groß, wenn man sie gemeinsam betrachtet: »Ach, sieh mal hier, da warst du etwa drei Jahre alt. Du wolltest den Hund unbedingt streicheln, aber du hattest große Angst vor ihm.« – »Deswegen hast du dich hingekniet und mich von hinten fest in deinen Armen gehalten, sonst hätte ich mich nicht getraut.«

Fotos stellen die konkreten Szenen nach, die längst vergessen sind, die aber ihre Spuren unverwechselbar und unauslöschlich im Inneren eingegraben haben. In der Betrachtung verbinden sie sich noch einmal mit der Vergangenheit. Sie dient zuallererst der Selbstvergewisserung: »Ja, so war es einmal, und etwas davon wird immer bleiben.«

Die Besonderheiten der Vater-Tochter-Beziehung, die Anverwandlung des Fremden im anderen und die Wechselseitigkeit von Geben und Nehmen, bedürfen einer wichtigen Ergänzung, um einige Facetten dieser Beziehung transparenter zu machen. Vater-Tochter-Bindungen sind im Normalfall mit einem wesentlich geringeren Potenzial an aggressiver Energie besetzt als Vater-Sohn-Beziehungen. Natürlich schmückt sich ein Vater auch gern mit seiner Tochter und befriedigt in ihr eigene narzisstische Bedürfnisse. Dabei entfällt aber der Zwang, alle Kraft, allen Ehrgeiz und alle Konkurrenz darein zu setzen, dass sie so werde wie er selbst oder wie sein imaginiertes Selbstbild. Entsprechend geringer sind auch die Anforderungen, die er stellt, die Kontrolle, die er ausübt, und vor allem seine Enttäuschungsreaktionen, wenn sie seine Vorstellungen nicht voll erfüllt. Daher sind auch seine Geduld und Ausdauer ihr gegenüber größer. Schließlich folgt ihre Entwicklung als Mädchen von vornherein anderen Gesetzen, auf die er als Mann weniger Einfluss hat.

Aber nicht nur die aus der narzisstischen Konkurrenz geborene Aggression im Vater-Sohn-Verhältnis entfällt bei der Tochter; auch die ödipale Rivalität, der Kampf um Macht und männliche Dominanz findet mit ihr nicht statt. Im Gegenteil. Sie ist Vaters »Liebling«, seine »Prinzessin«, sein »Vögelchen«, sein »Schmusekätzchen«. Ihre körperliche Zartheit und Verletzlichkeit und ihre seelische Empfindsamkeit rühren ihn an. Durch diese mädchenhaften Merkmale besiegt sie die Wildheit des »Riesen«, besänftigt, beruhigt und befriedet sie seine aggressive Lust. La Belle et la Bête. Indem sie ihm hilft, durch ihre Tabus seine Aggressionskräfte abzumildern und unter Kontrolle zu halten, verstärkt sie die libidinösen Anteile in ihrer Beziehung. Ihre Schmusereien, ihre Zärtlichkeit, ihre Koketterien und ihre vielen kleinen Geschenke sind aber nicht nur Ausdruck liebevoller Anhänglichkeit und Bewunderung, sondern dienen auch dazu, das gefürchtete Aggressionspotenzial des Vaters zu versöhnen. Teilweise hat sie diese Techniken der Mutter abgeschaut, teilweise auch selbst herausgefunden, dass Schmeicheleien, hübsche Kleider und lange Locken den Vater milde stimmen. Insgesamt tragen Mädchen ihre Konflikte mit Vätern weniger aggressiv aus als Jungen, sondern bevorzugen die defensiven Strategien weiblicher Macht.

Töchter wünschen sich warmherzige, tolerante, verständnisvolle, verantwortliche, beschützende, sorgende, unterstützende und verlässliche Väter. Sie sollen stark sein, entscheidungsfreudig und kompetent. Auch Söhne haben diesen Wunsch. Traumväter. Sie bleiben es so lange, wie die kindlichen Idealisierungen anhalten, und werden erst zerstört, wenn der entwickelte Realitätssinn Traum und Wirklichkeit zu unterscheiden lernt.

Dann bekommt die Vatergestalt Risse, die das Kind in eine tiefe Enttäuschung zu stürzen vermögen. Dieser Erkenntnisprozess und das damit verbundene »Trauma« sind unvermeidbar. So wie die väterliche Liebe und Förderung die emotionale und intellektuelle sowie soziale Reifung des Kindes begünstigen, so sind auch die schmerzhaften Enttäuschungen für die Ausbildung des Wirklichkeitssinns, die Entidealisierung und die Ablösung vom Vater notwendig. Der »perfekte Vater« und die »perfekte Mutter« sind Produkte der Fantasie während der frühen Kindheitsphasen. Danach setzt die Verarbeitung eines differenzierten Elternbildes ein, das die »guten« Seiten ebenso einschließt wie die »bösen«. Bei vielen Kindern lässt sich nun, oft bis weit in die Pubertät und über sie hinaus, das bekannte Phänomen beobachten, das ihnen die Enttäuschung über die Entzauberung des idealisierten Objektes ersparen soll: die Spaltung in einen »guten« und in einen »bösen« Elternteil. Der Spaltungsmechanismus lässt den Betreffenden in einer Art frühkindlicher Fixierung verharren, bei der ein Elternteil grenzenlos idealisiert wird, während der andere alle negative Zuschreibungen auf sich zieht. Auf diese Weise werden Ambivalenzkonflikte vermieden, wie sie zu jeder reifen Beziehung gehören. Ohne eine ausreichende Ambivalenztoleranz sind stabile menschliche Beziehungen kaum möglich. Die Spaltung hat die Funktion, sich wenigstens einen Elternteil heil, unzerstört und in voller Liebe zu erhalten. Dabei werden seine negativen Anteile verleugnet und auf den anderen Elternteil verschoben.

Wenn sich die Vater-Tochter-Beziehung gewöhnlich durch eine geringere Aggressivierung und durch einen entsprechend höheren Grad an libidinöser Besetzung auszeichnet, erscheint es mehr als plausibel, warum Töchter länger an der Idealisierung des Vaters festhalten, seine enge Nähe suchen und sich schwerer von ihm ablösen können als Söhne. Entsprechend spalten sie die Eltern nicht selten in einen »guten« Vater und in eine »böse« Mutter. Aber auf Dauer lässt die Realität solche Unterscheidungen nicht zu. Die Tochter wird mit Seiten des Vaters konfrontiert, die sie bisher zu verleugnen versucht hat. Wie heftig oftmals auf das »Trauma« reagiert werden kann, zeigt nicht nur die alltägliche psychotherapeutische Praxis. Auch in der belletristischen Literatur finden sich eindrucksvolle Beschreibungen über Töchter, die in ihrer Kindheit in »abgöttischer« Liebe an ihren Vätern hingen und es nicht ertragen konnten, wenn diese Väter später durch Verlassen der Familie, persönliche Schwächen und Charakterfehler, soziales Scheitern, Krankheit oder vorzeitigen Tod eine nie heilende Wunde hinterließen, die nur durch eine erbarmungslose Abwertung zugedeckt werden konnte. Heidi Gidion hat in dem Buch »Was sie stark macht, was sie kränkt. Töchter und ihre Väter« entsprechende Selbstzeugnisse, Erzählungen und Romane von Schriftstellern gesichtet, die über ihre realen oder fiktiven Väter geschrieben haben. Besonders markant für den hier diskutierten Zusammenhang ist das Kapitel »Der Herr über die Hummeln«, in dem die Beziehung Sylvia Plaths zu ihrem Vater und ihre literarische Verarbeitung dargestellt werden.[27]

Umgekehrt lässt sich fragen: Wie reagieren die Väter auf die Idealisierungen ihrer Töchter? Es dürfte wohl wenig erstaunen, wenn sie diese genießen und die Harmonie möglichst lange aufrechterhalten möchten. Damit geraten sie jedoch in die Gefahr, die Töchter durch übermäßige emotionale Zuwendung, Liberalität und Freizügigkeit zu lange an sich zu binden. Die Wechselseitigkeit der Abhängigkeit verführt beide zu der Illusion, dass dieses »Paradies« nie enden wird. Durch die Fehleinschätzung der Situation werden die notwendigen Ablösungs- und Trennungskonflikte vermieden. Beide möchten ungern auf etwas verzichten, was so viel Befriedi-

gung bietet und im späteren Leben in dieser Form nie wiederkehren wird.

Spätestens nach Abschluss der Pubertät wird aber für Tochter und Vater die Ablösung als beiderseitige Entwicklungsaufgabe unaufschiebbar, wenn die Beziehung nicht in einer
gefährlichen Kollusion enden soll.[28] Nur wenn der Ablösungs-
konflikt von ihnen in angemessener Form gelöst wird, findet
die Tochter zu einer Autonomie, die ihr sowohl eine erwachsene Beziehung zum Vater als auch den Weg in eine gelungene
heterosexuelle Partnerschaft ermöglicht. Für den Vater steht
dabei die Aufgabe an, seine Vateridentität neu zu definieren;
die Tochter als erwachsene Frau aus der väterlichen Fürsorge
entlassen zu können setzt die Besinnung auf das eigene, von
den Kindern unabhängige Entwicklungspotenzial voraus.

Dabei machen Vater und Tochter die Erfahrung, wie schwie-
rig es ist, den anderen als vielschichtiges Wesen zu begreifen, in
dem sich krasse Widersprüche zu einem ewigen Tanz vereinen.
Die Ordnung und die Einheit auch im scheinbaren Chaos der
menschlichen Existenz zu finden, die widerstreitenden Kräfte
in sich selbst und im anderen zu erkennen und zu akzeptieren
bedeutet eine lebenslange Herausforderung. Vor ihr stehen
auch Vater und Tochter. Die im Vergleich zu anderen Beziehungen so konfliktfreie Sphäre ihres gemeinsamen Paradieses
können sie nicht festhalten. Leben ist Bewegung, und ohne
Konflikt ist keine Weiterentwicklung denkbar. Das müssen sie
gegen alle Widerstände begreifen lernen.

Dem aufmerksamen Leser ist nicht entgangen, dass die bisherige Betrachtung der Vater-Tochter-Bindung die Aggression in den Vordergrund gerückt hat. Seine Verwunderung
darüber wird mit der Neugier verbunden sein, was es denn mit
der anderen Triebseite auf sich hat, jener, die doch gerade das
Spektakuläre der Beziehung ausmacht und an der sich die
Sensationslust der Wissenschaft und der Öffentlichkeit immer
wieder entzündet. Was ist also dran an der berühmten wie
berüchtigten Sexualität zwischen Vater und Tochter?

Bekanntlich wurde die Diskussion darüber von Freud eingeleitet, der mit der Entdeckung der infantilen Sexualität ei-

nen Meilenstein in der psychologischen Erforschung der menschlichen Natur gesetzt hat. Ohne seine damals noch abenteuerlichen und von ihm selbst immer wieder in Frage gestellten Theorien über die Entwicklung der weiblichen Sexualität hier näher zu erörtern, besteht in der heutigen Psychoanalyse wohl weitgehende Übereinstimmung in folgenden Annahmen: Ähnlich wie der Junge durchläuft auch das Mädchen auf dem Weg zu seiner psychosexuellen Identität einen Ödipus- bzw. einen »Elektrakomplex«, wie ihn C.G. Jung genannt hat. In Abgrenzung zu Freuds Ödipuskomplex leitete er den Elektrakomplex des Mädchens aus der Geschichte des griechischen Geschlechts der Atriden ab. Dabei lehnte er sich an den Tragödienstoff von Sophokles' »Elektra« an. Elektra lässt aus Liebe zu ihrem Vater Agamemnon und aus Hass auf ihre Mutter Klytämnestra diese durch ihren Bruder Orest umbringen.[29] Der Komplex beginnt etwa zwischen dem dritten und vierten Lebensjahr, dem Zeitraum, in dem sich das Kind zunehmend aus der engen Bindung zur Mutter löst, den Unterschied der Geschlechter wahrnimmt, seinen eigenen Körper erkundet und dabei erste sexuelle Erregungen verspürt. Dabei beginnt es auch, sich mit Fragen von Schwangerschaft und Geburt zu beschäftigen. Im Rahmen dieser Entdeckungen entwickelt das Mädchen eine erotisch gefärbte Liebe zum Vater und einen Hass auf die Mutter, da diese den Vater für sich beansprucht. Die Überwindung des Komplexes gelingt durch die Einsicht, dass sie als Tochter den Penis des Vaters nicht bekommen kann, weil die Mutter ihn ihr verwehrt und sie außerdem selbst noch zu klein ist. Indem sie sich jetzt stärker mit der Mutter identifiziert und ihre sexuellen Ansprüche an den Vater aufgibt, leitet sie ihre weibliche Identitätsfindung ein.

Erst mit Beginn der Pubertät kommt es noch einmal zu einer Wiederauflage des Komplexes. Durch die sexuelle Reifung kann er diesmal eine erhebliche Intensität annehmen und die Konfliktspannung im Vater-Mutter-Tochter-Dreieck wesentlich verschärfen. Viel entscheidender als in der frühen Kindheit hängt die Überwindung der pubertären Phase von der Qualität der bisherigen Beziehung zu beiden Eltern, von deren Beziehung zueinander und von ihrem jetzigen Umgang mit den ödipalen Wünschen der Tochter ab.

Diese psychoanalytischen Annahmen stützen sich auf ein inzwischen breites Erfahrungswissen. Dabei sind besonders die Gefahren gründlich untersucht worden, die mit der Pubertätsentwicklung der Tochter einsetzen. Ab jetzt kann sie sich endlich als richtige Frau fühlen und könnte, wenn sie wollte, den Vater zur Sexualität verführen. Dieser sieht seine Tochter zur Frau erblühen, und ihre weiblichen Reize können seine Fantasien in eine gefährliche Richtung lenken.

An dieser Stelle lässt sich verdeutlichen, warum es mir sinnvoll erschien, die Vater-Tochter-Beziehung zunächst von ihren Anfängen her zu betrachten und dabei die narzisstischen und aggressiven Anteile in den Vordergrund zu rücken. Die Bedeutung der frühkindlichen Sexualität und des Ödipuskomplexes bei beiden Geschlechtern wurde von der Psychoanalyse überschätzt. Dies belegen die neueren Erkenntnisse über die wichtige Rolle des Vaters in der Frühphase der kindlichen Entwicklung. Dabei rückte auch die Frage in den Vordergrund, wie die narzisstischen Bedürfnisse und die aggressiven Triebanteile die Beziehung wechselseitig beeinflussen. Bei der Darstellung dieser Zusammenhänge über die Vater-Tochter-Bindung wurde deutlich, dass diese im Unterschied zur Vater-Sohn-Beziehung weniger narzisstisch und aggressiv als vielmehr libidinös gefärbt ist. Libidonös bezeichnet im allgemeinen Sprachgebrauch nicht die sexuelle Energie, sondern ihre desexualisierte Form, das heißt die Summe aller zärtlichen, sorgenden und beschützenden Strebungen, die in der Liebe des Vaters zu seiner kleinen Tochter enthalten sind.

Sexuelle Libido im engeren Sinne wird erst in der Pubertät freigesetzt und kann mit entsprechenden Wünschen an den Vater verbunden sein. In wie vielen verdeckten und offenen »Spielarten« die Tochter meist unbewusst die neue Dimension ihrer Liebe in Szene setzen und den Vater in Versuchung führen kann, muss hier nicht breiter illustriert werden. Alle Väter, auch Mütter, die Töchter in der Pubertät erlebt haben, können darüber lange Geschichten erzählen. Auch die Literatur über Töchter ist angefüllt mit reizvollen Beschreibungen, wie Töchter den Vater umschmeicheln, bezirzen und um den Finger wickeln können, wie sie ihren Charme spielen lassen, ihre »Schokoladenseite« hervorkehren und mit Schmuck und Schminke ihre Schönheit kokett zur Geltung bringen.

Wenn Väter, den Glanz der Verliebtheit in den Augen, über ihre Töchter erzählen, wie sie bei ihrem Lächeln schwach werden und in großzügiger und leichtsinniger Weise vieles durchgehen lassen, was gegen ihr Prinzip ist, überkommt einen eine Ahnung von der unheimlichen Macht, die Töchter bei ihrem neuen »Spiel« über Väter gewinnen können. Es ist nicht leicht, die tieferen Wurzeln dieser Verführungskraft zu ergründen. Aber ein Versuch dazu soll uns dem Geheimnis der Vater-Tochter-Beziehung etwas näher bringen.

Dazu sind einige Hinweise zum sexuellen Missbrauch und Inzest zur Vermeidung von Missverständnissen unerlässlich. Bei ihnen sind die Ursachen breit bekannt, da inzwischen zahlreiche Ergebnisse über die seelische Pathologie solcher Väter vorliegen. Es handelt sich meist um Männer, deren krankhaftes Verhalten durch eine Vielzahl von Faktoren bestimmt wird wie ein schwer verletztes Selbstwertgefühl, sexuelle Insuffizienzerfahrungen mit entsprechenden Frustrationen, kompensatorische Machtbedürfnisse, ein tiefgründiger Hass auf Frauen, der meist eine Mischung aus Mutterhass, Schwangerschafts- und Gebärneid und Eifersucht auf die weibliche Stillfähigkeit darstellt, sowie massive soziale Misserfolgserlebnisse, Süchte und eine zerrüttete Partnerschaft. Die Ausnutzung der Wehrlosigkeit, Abhängigkeit und der Liebesbedürfnisse der Tochter, die Vernichtung ihrer weiblichen Identitätsbildung und der Verrat am eigenen Vater-Ideal sind Ausdruck einer schweren Persönlichkeitsstörung, die keinerlei Generalisierung über Vater-Tochter-Beziehungen zulässt. Die verbreitete Rechtfertigung solcher Väter, sie seien von der Tochter verführt worden, zeugt nur von der Tiefe ihrer moralischen Zerstörtheit.

Bei der Klärung des Rätsels von Verführung und Verführbarkeit geht es selbstverständlich nicht um solche pathologischen Auswüchse in der Praxis, sondern um das Verständnis normaler Fantasie- und Wunschwelten, die zum größten Teil unbewusst bleiben und deren konkrete Erfüllung durch die Wirksamkeit des Inzesttabus, und das bedeutet durch intakte Über-Ich-Instanzen, unter Kontrolle gehalten wird.

Warum will die Tochter den Vater verführen, und warum ist dieser verführbar? Für die Tochter könnte eine erste Vermutung lauten, dass sie im Vater ein Liebesobjekt sieht, das sie gefahrlos in die Sexualität einführen soll. Damit sind nach psychoanalytischer Version zwei Fantasien aus der frühkindlichen Ödipusphase verbunden, die jetzt mit der Geschlechtsreife doch noch in Erfüllung gehen könnten: erstens der Wunsch, den Penis des Vaters zu bekommen und ihn sich »einzuverleiben«, und zweitens auf diese Weise anstelle der Mutter dem Vater ein Kind zu schenken. Es ist die alttestamentarische Geschichte der beiden Töchter Lots, die den Vater im Schlaf dazu verführen, sie zu schwängern, nachdem die Mutter »zur Salzsäule erstarrt« ist. Beide gebären einen Sohn, um für den Vater und sich selbst Nachkommen zu sichern.[30] Die Geschichte lässt sich nicht nur symbolisch im Sinne des Ödipus- bzw. Elektrakomplexes deuten, sondern hat eine sehr reale naturgesetzliche Basis. In der Zeit, in der die Tochter in das gebärfähige Alter kommt, setzt die Fruchtbarkeit der Mutter manchmal schon aus, während der Vater bis ins höhere Alter zeugungsfähig bleibt. In diesen Zusammenhang gehört die alte Erkenntnis der Anthropologie und Verhaltensforschung, dass jüngere Weibchen bei den Männchen eine höhere Attraktion besitzen, weil sie kräftiger und gesünder sind als ältere und deswegen einen widerstandsfähigeren Nachwuchs garantieren.

So spekulativ die Theorien über die inzestuösen Fantasien der Tochter klingen mögen, spätestens mit der Aktualisierung des Ödipuskomplexes in der Pubertät rücken sie in eine beklemmende Nähe zur möglichen Realität.

Eine Ahnung von der Intensität der mehr intrapsychisch aufbrechenden Konflikte spiegeln uns indirekt die Spannungen wider, die jetzt zwischen Mutter und Tochter auftreten. Eifersucht und Rivalität um den Vater reichen von subtilen bis grob aggressiven Techniken, mit denen die Tochter die Mutter auszustechen versucht; sie lässt sie links liegen, spricht nicht mit ihr, zeigt ihr die kalte Schulter, macht sie lächerlich, beschimpft sie und tobt schließlich gegen alles, was von der Mutter kommt. Auf diese Weise kann sie einen gefährlichen Keil zwischen die Eltern treiben und die Partnersituation erheblich komplizieren. Wenn Mütter die Kampfansage mit gleichen Mitteln erwidern oder Väter in dieser Auseinandersetzung ein heimliches oder offenes Bündnis mit der Tochter eingehen, kann es zu einer dramatischen Zuspitzung kommen, mit der die Mütter nicht mehr fertig werden. Die Krise des Alterns, die Partnerkrise und die Krise mit der Tochter verdichten sich zu einer ausweglosen Situation, in der seelische und psychosomatische Erkrankungen vorprogrammiert sind.

Ist das also die Verführungskraft der Tochter, dass aus ihren Fantasien Realität werden könnte? Will der Vater in der Fantasie die Tochter zu dieser Konsequenz verführen?

Theorien sind umso überzeugender, je plausibler sie sich an der Wirklichkeit überprüfen lassen. Als Modell erscheinen dafür Paarkonstellationen mit einer beträchtlichen Altersdifferenz am geeignetsten, wobei der Mann zirka eine Generation älter ist als die Frau. Lange Zeit waren sie von einem gesellschaftlichen Tabu umgeben, das nur wenige, insbesondere Künstler, zu brechen wagten. Heute gehören solche Paare inzwischen zur Alltagsrealität. Selbst Laien entgeht nicht das Vater-Tochter-Motiv bei dieser Konstellation, und auch die Partner verleugnen in der Regel nicht die väterlichen bzw. töchterlichen Anteile in ihrer Beziehung.

Das kritische Argument gegen die älteren Männer besagt, dass sie jüngere Frauen aus ästhetischen und sexuellen Gründen bevorzugen. Leider lässt sich das nicht bestreiten; es zu leugnen wäre Heuchelei. Aber sehr häufig dürfte das tiefer liegende Motiv für die Partnerwahl tatsächlich in den Wesensmerkmalen liegen, die die junge Frau als Ersatztochter aufweist. Unabhängig von der Frage der Sexualität geht es dabei zunächst um eine Wiederholung einer Vater-Tochter-Beziehung, in der der »Vater« alle seine väterlichen Ideale noch einmal verwirklichen kann, diesmal vielleicht in reiferer und erfüllterer Form, als ihm dies aus unterschiedlichen Gründen zur leiblichen Tochter möglich war. Die angeführte Kritik an diesen Männern greift auch deswegen zu kurz, weil die Frauen dabei unberücksichtigt bleiben. Bei ihrer Partnerwahl liegen die Motive noch offener zutage. Ästhetik und Sexualität scheinen zugunsten anderer Qualitäten zurückzutreten, die genau jene väterlichen Eigenschaften repräsentieren, die schon immer ersehnt wurden. Die Tatsache, dass solche Partnerschaften häufig eine unerwartete Stabilität zeigen, lässt sich als Beleg für die ausführlich erörterte Grundannahme auffassen, nach der Vater-Tochter-Beziehungen durch vergleichsweise geringe aggressive und narzisstische Konflikte belastet sind.

Diese Erfahrungen zeigen auch eine überraschende Perspektive zum Verständnis der wechselseitigen Verführungen zwischen Vater und Tochter auf. Es scheint dabei um mehr zu gehen als um den fantasierten Wunsch nach sexueller Vereinigung mit dem Ziel, den Penis des Vaters bzw. die Vagina der Tochter zu erobern, um gemeinsam ein Kind zu zeugen. Mit dieser psychoanalytischen Annahme fände das Rätsel der Vater-Tochter-Beziehung eine doch recht banale Lösung. Eine weitergehende Deutung kommt dem Geheimnis sicher näher. Bekanntlich ist der Penis nicht nur ein Sexualorgan, sondern gilt als umfassendes Symbol des männlichen Prinzips. Der Penis des Vaters repräsentiert für die Tochter die väterliche Ganzheit. Ihn zu besitzen bedeutet für sie die Verschmelzung mit dem Vater zu einer Einheit, wie sie in frühester Kindheit nur mit der Mutter bestand. Durch die Pubertät selbst zur Frau geworden, würde die Vereinigung mit dem Vater das weibliche und männliche Prinzip zu einer Ganzheit verbinden. Sie wäre weit umfassender als die nur weiblich determinierte Symbiose mit der Mutter. Da wir vermuten, dass in jedem Menschen aufgrund seiner männlichen wie weiblichen Anteile der Wunsch nach dieser letztmöglichen Form der Ganzheit als grundlegendes Prinzip seines Daseins angelegt ist, worüber auch die androgynen Götterwelten der Ägypter, Griechen und vieler anderer Völker ein beredtes Zeugnis ablegen, kann die Tochter das Ziel nur in der Fantasie durch die Sexualisierung des Wunsches erreichen. Unter der Bedingung des Inzesttabus wird er nie in Erfüllung gehen; umso stärker bleibt er als ewige Sehnsucht erhalten. Die Verführung durch die Tochter zielt also nur vordergründig auf die Sexualität; ihre magische Kraft bezieht sie aus dem unbedingten Streben nach der Einheit mit dem Vater, nach der mythischen Ganzheit von Frau und Mann, in der sich die allumfassende Liebe erfüllt. So wird der Vater als erster Mann der Tochter zu ihrem sie ständig begleitenden Schatten und zu ihrem Schicksal.

Wenn man in diesen metapsychologischen Bereich vordringt, liegt die Vermutung nahe, dass sich solche Symbolisierungsvorgänge ebenfalls auf den Mann übertragen lassen. Die Tochter repräsentiert für ihn das Prinzip der weiblichen Unschuld. Ihre Vagina ist Symbol für eine noch unberührte Weiblichkeit.[31] Die Verschmelzung mit ihr würde die Urerfahrung männlich-weiblicher Einheit herstellen. Diese Ausschließlichkeit war weder in den ödipalen Fantasien der Kindheit noch in der Pubertät mit seiner Mutter möglich, nicht nur, weil sie seinem Vater gehörte, sondern vor allem, weil sie bereits ihre Jungfräulichkeit verloren hatte. Auch mit einer erwachsenen Frau sind solchen archaischen Regressionswünschen Grenzen gesetzt, nachdem sie durch vielerlei Erfahrungen nicht mehr über ihre Unschuld und ihre uranfängliche Weiblichkeit verfügt.

Hier entschlüsselt sich vielleicht der tiefere Sinn der Virginität. Das Hymen ist die Grenze, die die Natur zwischen den Geschlechtern errichtet hat. Nur einmal kann sie durchstoßen werden. Es ist der Augenblick, in dem die Jungfrau zur Frau und der Jüngling zum Mann wird und in dem beide während der Vereinigung das Paradies der Einheit betreten. Nicht die Tatsache, so ließe sich folgern, dass die Frau schon einen anderen Mann gehabt hat, macht sie für die Ehe wertlos, sondern dass der Ehemann auf die Urerfahrung eines noch heilen Paradieses verzichten muss. Ohne einen solchen tieferen Sinn lassen sich die Entwertungen und Verfolgungen nicht verstehen, die Frauen über alle Jahrhunderte ertragen mussten und in vielen Erdteilen noch heute erleiden, wenn sie ihre Jungfräulichkeit vor der Ehe »verloren« haben.

Die fantasierte sexuelle Verbindung zwischen Vater und Tochter würde also für beide ihre frühe Liebe auf eine neue Ebene transponieren und für die Ewigkeit festschreiben. Dazu wollen sie sich beide verführen. Umgekehrt bedeutet der Verzicht darauf das Ende der ersehnten Einheit. Beide müssen ihre Wünsche aufgeben und stehen damit vor der Aufgabe, ihre Beziehung neu zu definieren. Mit dem Inzestverzicht löst sich auch die Rätselhaftigkeit auf, die beide magisch angezogen und aneinander gebunden hat. Die jetzt fällige Separation rückt Vater und Tochter in ein realistisches Licht, und sie ahnen die dunklen Seiten des anderen, denen sie fortan nicht mehr ausweichen können.

4. Väter heranwachsender Kinder in einer gewandelten Welt

Der viel diskutierte »Wertewandel« in unserer modernen Gesellschaft ist Ausdruck der tief greifenden Umbrüche, in denen sich die westliche Zivilisation seit geraumer Zeit befindet. Fortschreitende Technisierung, eine medial vernetzte Welt, die Globalisierung der Märkte, der Umbau der Alterspyramide, die Umstrukturierung der Arbeitswelt mit den Folgen zunehmender Massenarbeitslosigkeit, der Umbau des Sozialstaats und des Gesundheitswesens, ein schwaches Bildungssystem, die neue Rolle der Frau mit einem veränderten Geschlechterverhältnis, Umweltzerstörung und Klimakatastrophe, das wachsende Driften zwischen Arm und Reich und eine Hochblüte des Individualismus und der Selbstverwirklichungsideologie bilden die wichtigsten Wendepunkte einer von Fortschritt, Risiko und Krise geprägten Zeitepoche.[32]

Die junge Generation zwischen zirka fünfzehn bis dreißig

Jahren muss sich heute in einer Welt voller Unwägbarkeiten und ungesicherter Zukunftsperspektiven einrichten. Große Teile von ihr schwanken in ihren Lebensstilen und -auffassungen zwischen unbekümmerter Freiheit und tiefem Zukunftspessimismus, zwischen hedonistischer Genusssucht und asketischen Idealen, zwischen politischer Apathie und starkem Engagement, zwischen weltanschaulichem Zynismus und spiritueller Begeisterung. Das Gefühl für eine stabile Berufsorientierung und für die Kontinuität von menschlichen Bindungen und Lebensentwürfen weicht zunehmend dem Bewusstsein eines improvisierten Lebens, einer geborgten Zeit, die von heute bis morgen reicht, auf jeden Fall nur in kurzen Etappen planbar ist.

Ohne verlässliche Identität, Orientierung und Zukunftsentwürfe bleibt aber der Heranwachsende regressiv an frühe, familiär erfahrene Befriedigungsformen fixiert. Die widersprüchlichen Gefühle von Sinnlosigkeit, Leere und Entfremdung auf der einen und von Spontaneität, Schaffensdrang und Lebensfreude auf der anderen Seite in breiten Teilen der heranwachsenden Generation können einen altersgemäßen Ablösungsprozess vom Elternhaus blockieren und die Antriebs- und Entwicklungskräfte zu einem eigenständigen Leben lähmen. Ein normaler Ablösungs- und Reifungsprozess, so scheint es, wird heute für junge Menschen immer schwieriger. Hierbei wirken die ausgeprägte Kindzentriertheit, ein übermäßiges Bindungsverhalten der Eltern und eine Verwöhnkultur in den frühen Entwicklungsjahren eng mit dem Wertewandel der Gesellschaft zusammen. Die Grenzen zwischen Kindheit und Adoleszenz verwischen sich. Die normale Identitätskrise in der Pubertät erfährt heute vielfach eine kritische Zuspitzung, weil sich die widersprüchlichen Erfahrungen der Außenwelt in fast unlösbare innere Widersprüche verwandeln. Während diese Heranwachsenden noch stark an ihrer kindlichen Abhängigkeit festhalten, verfügen sie mit zwanzig bis fünfundzwanzig Jahren bereits über eine Welterfahrung und über Kenntnisse und Einsichten, die die ihrer Eltern vielfach übertreffen. Diese Dissoziation in der Persönlichkeitsreifung ist letztlich für die

Verlängerung der Identitätskrise verantwortlich. Dabei bleibt die Entwicklung von altersgemäßer Selbstverantwortung, sozialer Kompetenz und psychosexueller Identität häufig auf lange Zeit verzögert.

Väter (und Mütter) sind ratlos, Angst treibt sie um. Zu allen Zeiten hatten Eltern Angst um ihre Kinder. Krankheiten, Unfälle, Kriege, Flucht und Vertreibung, Hunger und viele andere Schicksalsschläge, die das Leben und das Glück der Kinder bedrohten, waren Anlass für Kummer und Sorgen.

Die Ängste der heutigen Vatergenerationen haben sich jedoch qualitativ gewandelt. An dieser Stelle muss man fragen: Haben Väter überhaupt Angst um ihre Kinder? Zumindest scheint das nicht selbstverständlich, wenn man der schöngeistigen, wissenschaftlichen und populären Literatur folgt, in der man auffallend wenig über das Thema erfährt. Es ist wahr: Frauen äußern ihre Ängste direkter, sie gelten deswegen als besorgt und stärker emotional beteiligt. Frauen dürfen Angst haben und ihre Angst auch zeigen. Männer nicht. Väter haben bekanntlich schon als Jungen gelernt, ihre Ängste zu beherrschen. Wie kein anderes Gefühl war die Angst für sie immer mit großer Scham verbunden, weswegen sie viele Masken entworfen haben, um sie zu verdecken. Solche Masken haben zu einer breit gefächerten Typologie geführt. Es sind die Männer aus Stein, aus Eisen oder Stahl, die »eiskalten Engel«, die ewigen Sieger oder einsamen Wölfe, unberechenbar in ihrem Fühlen und Handeln, ob als Helden oder Verbrecher, als Politiker oder Manager. Auch Väter können so sein. Aber das Klischee löst sich unter dem Eindruck der »neuen Väterlichkeit« zunehmend auf. Heutige Väter hegen in gleicher Weise wie Mütter Ängste um ihre Kinder. Nur ihre Rolle verlangt von ihnen, diese weniger zu zeigen und stattdessen Sicherheit, Vertrauen und innere Festigkeit zu repräsentieren, um die kindlichen Ängste und Verunsicherungen abzupuffern.

Die spezifischen Ängste des Vaters um seine Kinder entstammen in erster Linie seinem Verantwortungsgefühl, dessen Ursprung in seiner ihm angestammten Beschützerrolle begründet ist.

Dabei ist auffallend, dass sie in besonderer Intensität erst ab der Pubertät des Kindes aufzutreten scheinen. Natürlich beschützt er sie, sorgt sich um sie und entwickelt auch in ihrem jüngeren Alter Ängste, für die es Anlässe genug gibt.

Aber wie erklärt sich die verstärkte väterliche Angst im Jugendalter seiner Kinder? Zu dieser Zeit sollen sie den Schutz der Familie immer mehr aufgeben. Sie streifen die letzten Eihäute ab und treten definitiv und selbstständig in die Außenwelt ein. Wenigstens ist das ihre Entwicklungsaufgabe. Ab jetzt warten die eigentlichen Klippen des Lebens auf sie, die sie umschiffen müssen, die Verlockungen und Gefahren, das große Glück der Freiheit und die unzähligen Möglichkeiten des Scheiterns. Wenn sie diese Odyssee antreten, bekommen ihre Väter Angst. Sie kennen die Härte, mit der das Erwachsenwerden die Söhne konfrontiert, die Konkurrenz um Erfolg, Ansehen, Macht und Einkommen, und die Enttäuschungen, Kränkungen und Niederlagen, die mit diesem ständigen Kampf verbunden sind. Sie haben selbst die Macht der sexuellen und aggressiven Bedürfnisse erfahren und die Last, ihrer Herr zu werden, und sie hören die Sirenengesänge, denen die Söhne verfallen können. Sie ahnen etwas von den Schwierigkeiten der Töchter, ihr eigenes Potenzial zur Selbstentfaltung zu nutzen, sich gegen die Machtansprüche der Männer durchzusetzen; sie kennen ihre Verführungskünste und Unterwerfungstendenzen; sie fantasieren sich die Zukunft der Töchter als Geliebte, als Ehefrauen, als Mütter und im Beruf und wissen, mit wie viel Leiden, neben all dem Glück und aller Befriedigung, diese Wege gepflastert sein können. Sie speisen diese Fantasien mit ihren eigenen Erfahrungen über die männliche Natur – sie wissen, wozu ihr eigenes Geschlecht fähig ist. Aber auch ihre Einsichten über die Natur der Frau stimmen sie nicht bedingungslos optimistisch.

All diese Bedingungen bilden die Grundlage ihrer Ängste, wenn die heranwachsenden Kinder ihre Segel setzen, während die Väter im Hafen zurückbleiben und die auslaufenden Schiffe nur noch in Gedanken begleiten können. Aber die Reise der Kinder durch die heutige Zeit hat die Ängste qualitativ verändert. Väter können nicht mehr verleugnen, wie kompliziert es für junge Menschen geworden ist, sich in der modernen Welt zurechtzufinden. Sie können sie nicht mehr beschützen. Sie beobachten nur die verzweifelte Suche der Kinder nach Sinn und Erfüllung. Oftmals droht den Vätern selbst, die Orientierung zu verlieren, ihnen gehen die Antworten auf Fragen aus, die schon gar nicht mehr gestellt werden. In aller Ratlosigkeit können sie nicht mehr raten. Es ist so schwer geworden, sich selbst zu finden.

Väter begreifen ihre Zuständigkeit hauptsächlich für Gefahren, die von der Außenwelt drohen. Auf sie bezieht sich ihre Beschützerrolle und ihr Verantwortungsgefühl. Daher die Intensität ihrer Angst ab der Pubertät der Kinder.

Wie stark die Orientierungskrise in heutiger Zeit die junge Generation erfasst hat und wie identitätszerstörend und existenzbedrohend sich die verschiedenen Facetten der strukturellen Gewalt der modernen Gesellschaft auswirken – wie berechtigt also die Angst der Väter ist –, lässt sich an einigen statistischen Fakten illustrieren. Die Altersgruppe der Fünfzehn- bis Dreißigjährigen ist im Vergleich mit anderen Jahrgängen am häufigsten von Arbeitslosigkeit, von Gewalt und Kriminalität, Drogensucht und Drogentod, von Schwerverletzungen und Tod durch Verkehrsunfälle, Selbstmordversuchen und Selbstmorden und von ungewollten Schwangerschaften und Abtreibungen betroffen. Für die meisten Bereiche verzeichnen die Statistiken einen steten Anstieg in den letzten drei Jahrzehnten. Sie bilden nur die Spitze des Eisbergs jugendlicher und heranwachsender Irrungen und Verwirrungen als Resultate des Scheiterns bei der Bewältigung heutiger Probleme.

Untersuchungen über Väter, die die hier aufgeworfenen Probleme vernachlässigen, müssen zwangsläufig beim Entwurf heutiger Vaterbilder in die Irre gehen. Die »neuen Väter«, das erfahren wir aus allen Gazetten und Talkshows, scheinen unberührt von den Zeichen der Zeit. Auf Hochglanzpapier und im Licht der Scheinwerfer wurde aus ihnen eine neue Gattung von immer fröhlichen, glücklichen und flirtenden Männern, die mit ihren kleinen Kindern und heranwachsenden Söhnen und Töchtern den Grießpudding von Dr. Oetker ebenso genießen wie das Trekking durchs Gebirge und einen warmen Sommernachtsball. Diese Abziehbilder verraten nichts von dem, was Väter heute unter ihren verschiedenen Masken bewegt. Ihr Dilemma besteht hauptsächlich darin, dass die zunehmende Gefährdung eines stabilen Lebensaufbaus der heranwachsenden Kinder ein besonderes Maß an väterlicher Verantwortung und Schutz verlangen würde, das aber vor der realen Gewalt der Verhältnisse und der anonymen Macht weltanschaulicher Umbrüche zum Scheitern verurteilt ist. Dieses Dilemma liefert das hilflose Ich des Vaters, das unter dem Diktat seines Über-Ich zum konkreten Handeln aufgefordert wäre, einer weitgehenden Ohnmacht aus.

Zur Veranschaulichung lässt sich die Theorie durch ein archaisches Bild ersetzen. Die ersten Jäger nahmen ihre heranwachsenden Söhne mit in die Prärie, um sie mit der Welt und ihren Gefahren außerhalb des Familienclans vertraut zu machen. Dabei boten sie ihnen den notwendigen Schutz und lehrten sie den Umgang mit Waffen. Sie ließen sie erst dann selbstständig auf die Jagd gehen, wenn sie von ihrer Aggressions- und Verteidigungsfähigkeit überzeugt waren. Heute entlassen Väter ihre Kinder jenseits der Pubertät in eine Welt, die sie kaum noch durchschauen und über die sie jede Macht verloren haben. Sie können sich auch kaum noch darauf verlassen, dass die in der Kindheit verinnerlichten Bilder und Erfahrungen und die aus ihnen geformten seelischen Strukturen eine genügende Stabilität und Kohärenz garantieren, um den gewandelten Anforderungen der Außenwelt gewachsen zu sein.

Aus Unsicherheit entsteht Angst, und wenn du sie doch mal fragst, wie sie das alles bewältigen werden, stehen sie neben dir: »bleib cool«; sie lächeln dich an und summen den Refrain zu Bob Dylan: »The answer, my friend, is blowin' in the wind.« Ihre Fragen gehen in eine andere Richtung, ob die Welt noch besteht, wenn sie dreißig sind, oder ob sie sich Turnschuhe der Marke »Airwalk« oder doch lieber die von »Vans« kaufen sollen, ob sie, wenn es soweit ist, überhaupt noch Kinder kriegen können, und im nächsten Sommer, sollen sie lieber nach Indien fliegen, ach, nein, das kenn' ich schon, dann doch lieber Australien.

Sie stellen die Liebe des Vaters auf den Prüfstand, ahnen nichts von seinen Ängsten. Er sollte sie ihnen zeigen, aber seine Masken verbieten es ihm, weil die Gedanken, Sitten, die Sprachneuschöpfungen und Gewohnheiten der Kinder eine Verständigung ohnedies kaum noch möglich machen. Dabei geraten Väter zwangsläufig in eine Beziehungsfalle, aus der es kaum ein Entrinnen gibt. Der Protest der Kinder grenzt sie aus, sie pfeifen auf alle Verantwortungsgefühle und Beschützerimpulse und drücken doch unmissverständlich aus: »Versteh mich, verlass mich nicht, gib mich nicht auf – ich brauche dich!« Solche »Doppelbindungen« können Väter völlig verzweifelt und ratlos machen. Einerseits möchten sie, dass die Kinder selbstständig werden und sie sich langsam von ihnen ablösen können, andererseits wird deren verzögerte Entwicklung zu einem dringenden Appell an verstärkte Zuwendung und Sorge. So fordern Kinder das väterliche Vertrauen auf eine eigenständige Entwicklung und Selbstverantwortung, signalisieren aber gleichzeitig ihre Hilfsbedürftigkeit und Abhängigkeit. Die allgemein an Väter gestellte Erwartung, ihren Kindern – insbesondere den heranwachsenden – die Freiheit zu selbstständigen Entscheidungen und bei der Berufs- und Partnerwahl zu lassen, steht heute nicht mehr zur Diskussion. Nur zu gern geben sie ihnen diese Freiheit. Das Problem ist mehr, ob und wie Kinder sie nutzen.

Ihre Widersprüche können die Liebe des Vaters arg strapazieren. Diese Gefahr droht dann, wenn die ewig Suchenden sein Vertrauen missbrauchen, seine Unterstützung als Recht behaupten und seine Pflichten ausnutzen. Die Väter dagegen tragen die heimlichen Fragen, wie lange sie gesund bleiben und den Beruf durchstehen werden und wie viele Jahre sie noch zur Unterstützung ihrer Kinder fähig sind, als Last mit sich herum.

Zur Illustration soll ein Gespräch dienen, das ich unlängst mit dem dreißigjährigen Sohn einer mir gut bekannten Familie geführt habe. Die Eltern sind beide als Akademiker beruflich erfolgreich. Stephan wuchs behütet heran, machte ein glänzendes Abitur und begann sein Studium im vollen Vertrauen auf seine Fähigkeiten. Aber schon bald entwickelte er einen für ihn ungewohnten weltanschaulichen Zynismus, nahm immer öfter leichte Drogen und verschleppte sein Studium von Semester zu Semester, bis er es mit großen Mühen und mittelmäßigem Erfolg mit achtundzwanzig Jahren abschloss. Danach jobbte er gelegentlich und lebte weiterhin überwiegend vom Geld seiner Eltern. Vor kurzem hatte er eine befristete Stelle in einem Kleinbetrieb angenommen und wollte danach »erst mal für ein Jahr über die weitere Lebensperspektive nachdenken«.

Aus meiner Berufspraxis und meinem Einblick in viele Biografien junger Menschen sind mir solche und ähnliche Entwicklungsverläufe recht bekannt. Was mir jedoch an Hintergrundmotiven bisher entgangen war, formulierte Stephan in einer überraschend realistischen Argumentation. Wir sprachen über die Schwierigkeiten heutiger Berufsfindung und die lange Fixierung vieler Heranwachsender ans Elternhaus und ihre ökonomische Abhängigkeit.

»Ist doch klar«, sagte Stephan, »ich sehe das ganz materialistisch. Die Erwachsenengeneration hat seit dem Zweiten Weltkrieg ein enormes Kapital angehäuft. Ihr konservatives Sicherheitsdenken bevorzugt konservative Wertanlagen, Aktien, Immobilien usw., wodurch sie das Großkapital von Banken, Versicherungen und Immobilienmärkten stützt. Sie investiert kaum in Risikounternehmen, auf die die junge Generation angewiesen ist. Der Arbeitsmarkt verlangt von ihnen hohe Mobilität, Flexibilität, Erfindungsreichtum, Kreativität und Innovationsgeist statt Kontinuität, Sicherheit und Langfristigkeit in der Berufsplanung. An das dazu notwendige Geld kommen sie aber nicht ran. Viele verschaffen es sich durch verlängerte Ausbildungen, lange Studien- und Nachstudienzeiten, in denen sie über Alternativen nachdenken und an ihnen herumexperimentieren. Darin werden sie von den Eltern unterstützt und schleusen auf diese Weise das Kapital in ihr Leben – gleichsam als vorzeitiges Erbe. Denn auch damit können sie ja in der Regel wegen des immer höheren Alters der Eltern nicht rechnen, bevor sie sich selbst dem Rentenalter nähern.«

So bestechend und bedenkenswert die Argumentation ist und so genau sie eine bestimmte gesellschaftlich vermittelte Realität treffen mag, so sehr dient sie aber auch der Rationalisierung eigener Bequemlichkeits- und Erwartungshaltungen im Kontext der geschilderten familiären und historischen Erfahrungen. Tatsache bleibt, dass die Spekulation auf das Erbe junge Menschen nicht von der Aufgabe freisprechen kann, ihre auch ökonomisch unabhängige Position in der Gesellschaft zu finden. Vätern entgehen häufig solche neuen Denkmuster und Verhaltensstrategien. Entsprechend ungreifbar bleiben auch viele ihrer Ängste und Sorgen, und sie sprechen in der Regel noch immer zu wenig darüber, was sie im Innersten bewegt. Es sind mehr die Bagatellen, über die sie sich aufregen. Auch in der Öffentlichkeit waren die hier erörterten Problemfelder bisher kein Thema. Das macht es Vätern noch schwerer, sich mitzuteilen, und vor allem mit ihren Kindern rechtzeitig und in aller notwendigen Offenheit und Entschiedenheit über ihre eigene Situation zu sprechen. Nur so können diese Klarheit über die krisenhafte Zuspitzung der Konflikte gewinnen und die Grenzen ihrer Willkür erfahren. Auch die verhängnisvollen »Doppelbindungen« lassen sich nur durch den konfrontierenden Dialog auflösen.

Zum Glück ist der beschriebene Weg auch umkehrbar. Die »verlorenen« Söhne und Töchter, wenn sie denn eines Tages »zurückkehren«, das heißt auf die Realität bezogen ihren eigenen Weg ins Leben gefunden haben, sind die »geliebtesten«. Die dargestellten inneren und äußeren Konflikte in der Vater-Kind-Beziehung machen diesen merkwürdigen Sachverhalt erst recht verständlich. Mit der »Rückkehr« werden alle Ängste, alle Enttäuschungen und alle Schuldgefühle wegen realer oder vermeintlicher Versäumnisse besänftigt; das Verantwortungsgefühl und das Bedürfnis, die Kinder zu schützen, erfüllen sich, wenn auch spät, mit der Gewissheit, dass sie gelernt haben, ihr Schicksal in die eigenen Hände zu nehmen. Und schließlich bedeutet für Väter der Schritt ihrer Kinder in die eigene Verantwortung einen großen Trost und mildert ihr Mitleid, weil sie nur zu gut wissen, wie sehr »die Nichtbewältigung einer Entwicklungsaufgabe das Vertrauen in die eigene Kompetenz schwächt und entsprechend ungünstige Ausgangsbedingungen für die Bewältigung zukünftiger Entwicklungsaufgaben schafft«.[33]

Die Überwindung der kleinen, mittleren und großen Krisen während und nach der Pubertät und oft bis ins Erwachsenenalter hinein hängt nicht zuletzt von den Vätern selbst ab. Solange sie starr an ihren eigenen verinnerlichten Idealen und konservativen Wertnormen festhalten oder diese gar mit Nachdruck bei ihren Kindern durchsetzen wollen, treiben sie diese in die weitere Opposition und verhindern eine Verständigung und Wiederannäherung. Wenn Väter die Zeichen der Zeit nicht zu deuten wissen und die gesellschaftlichen Umbrüche in ihren Auswirkungen auf die seelische Entwicklung der jungen Generation verleugnen, verlieren sie bei diesen an Autorität und Überzeugungskraft. Die Unversöhnlichkeit zwischen alter Ordnung und neuer Weltanschauung schraubt zwangsläufig die Spirale der Konflikte immer höher. Viele Jugendstudien der letzten Jahre belegen den hohen Glaubwürdigkeitsverlust besonders der öffentlichen Repräsentanten unserer Gesellschaft und die Abnahme des Vertrauens in die Vatergenerationen, die an der Zerstörung des Hoffnungspotenzials auf eine lebenswerte Zukunft in einer ökologisch heilen Welt mitschuldig geworden sind.

Dabei empfiehlt die praktische Vernunft den Vätern, in ihren Bemühungen nicht nachzulassen, immer wieder den Dialog mit den Kindern über die Krisen unserer Zeit zu suchen und sich dabei durch die Umgestaltung ihrer eigenen Lebenspraxis, soweit dies in vertretbaren Grenzen möglich ist, als Vorbild anzubieten. Nach allen Erfahrungen wird dieses teilnehmende Interesse von jungen Menschen oft höher eingeschätzt als die Beschränkung auf den persönlichen Lebensbereich. Die wiederholte Nachfrage nach Schul-, Studien- und Arbeitsleistungen, nach Verdienst, Freundschaften und intimen Beziehungen, so wohlmeinend sie sein mag, wirkt eher als Kontrolle und schafft entsprechende Distanz, wenn dabei die übergreifenden Lebensfragen aus dem Blickfeld geraten.

Durch die Zeitbrüche sind die Anforderungen an die Flexibilität und Anpassungsbereitschaft der Väter enorm gewachsen. Es ist wahrlich nicht vergnüglich, sich selbst immer wieder in Frage zu stellen und von den Kindern in Frage gestellt zu werden. Aber es führt kein Weg daran vorbei. So lässt sich in den beiden letzten Jahrzehnten eine ermutigende Entwicklung beobachten. Immer mehr Väter werden nicht nur an Alter und Erfahrung reifer, sondern auch an neuen Einsichten und Erkenntnissen. Sie werfen Überholtes von Bord, ändern ihre Meinungen und wandeln sich mit den Kindern, oftmals erst nach deren entschiedenem Einspruch. Nur so lässt sich die Kluft zwischen den Generationen überbrücken. Solche Väter müssen nicht an den Herausforderungen scheitern, sondern machen im Verlauf der Turbulenzen einen Erfahrungsprozess durch, an dessen Ende sie es ihren Kindern verdanken, vor einer vorzeitigen seelischen, intellektuellen und sozialen Erstarrung bewahrt worden zu sein.

VI.
Die Machtbalance in der modernen Familie

Was für die Gesellschaft gilt, die in ihrem jeweiligen historischen Wandel einen maßgeblichen Einfluss auf die Gestaltung und Qualität der Vater-Kind-Beziehung nimmt, trifft noch elementarer auf die Familie zu. Wie wir im ersten Kapitel bereits sahen, kann man das Verhältnis eines Vaters (auch einer Mutter) zu seinen Kindern nicht aus dem Gesamtzusammenhang der Familie herauslösen und isoliert betrachten. Wie kompliziert ein Familiensystem aufgebaut ist, wird an seiner Zusammensetzung aus vier Untersystemen, so genannten Subsystemen, deutlich. Das wichtigste bilden die Eltern selbst, da sie die entscheidenden Regeln des Gesamtsystems festlegen. Die drei weiteren Subsysteme sind die Beziehungen Mutter-Kind, Vater-Kind und, falls mehrere Kinder vorhanden sind, die Geschwisterbeziehung. Jedes Subsystem schafft sich wiederum eigene Normen des Zusammenlebens und steht vor der Aufgabe, sich an die Gesetze des Gesamtsystems anzupassen. Aber damit nicht genug. Ein heilloses Wirrwarr entsteht oft erst dadurch, dass die beteiligten Personen ihrerseits mit ihren Bedürfnissen, Wünschen und Lebensvorstellungen ein individuelles System bilden, ein so genanntes Subsubsystem, wodurch das ökologische Gleichgewicht der Familie ins Strudeln geraten kann.

In der Vorstellung der Systemtheorie lässt sich daher von einer ausreichenden Harmonie der Familie nur unter folgenden Voraussetzungen sprechen: Die Eltern haben eine befriedigende Beziehung zueinander (1. Subsystem), Mutter und Vater unterhalten jeweils eine positive Bindung zu ihren Kindern (2. und 3. Subsystem), die Geschwister besitzen ein starkes Gefühl der Zusammengehörigkeit (4. Subsystem),

117

und jedes Mitglied der Familie kann sich auch selbst ohne ernsthafte innere Konflikte akzeptieren (die Subsubsysteme). Dabei wird unterstellt, dass nur bei einem ausgewogenen Verhältnis von Selbstliebe und Objektliebe die notwendige Anpassungsfähigkeit an die Erwartungen eines harmonischen Zusammenlebens im Gesamtsystem gegeben ist.

Nun mag es Familien geben, die einen solchen Gleichgewichtszustand erreicht haben oder ihm wenigstens nahe kommen. Die Regel ist dies nicht. Die steigende Zahl zerbrechender Ehen und das Leiden und die Zerrüttung in vielen Familien vermitteln einen Eindruck von den Schwierigkeiten, die durch die systemischen Gesetze für alle Beteiligten entstehen können.

Aus der Vielzahl der möglichen Konflikte greife ich hier die Frage der Macht und Ohnmacht in der Familie und ihre Verteilung zwischen Müttern und Väter heraus. Durch die veränderte Rolle der Frau in Familie und Gesellschaft stellt sich diese Frage grundsätzlich neu und bewegt die allgemeine Diskussion in der Geschlechterdebatte.

Im klassischen Familienmodell vertritt der Vater die Macht nach außen, indem er die Familie vor äußeren Bedrohungen schützt, ihre ökonomische Basis sichert und als Träger gesellschaftlicher Normen Einfluss auf die moralische Struktur der Familie nimmt. Die Macht der Mutter ist im Zentrum der Familie angesiedelt. Sie ist für die Geburt, die Versorgung und Erziehung der Kinder und für die Gestaltung des innerfamiliären Lebensraumes zuständig. Die Macht der Kinder definiert sich im Wesentlichen durch die Unbedingtheit ihrer Bedürfnisse, die einen entscheidenden Einfluss auf die Regeln des Systems und auf das elterliche Verhalten ausüben. Dieser Faktor wird in der Regel unterschätzt, ebenso wie die Tatsache, dass schon kleine Kinder recht gezielt mit ihrer Macht umgehen und die Eltern dirigieren, sogar dominieren können. Damit werden sie zu aktiven Mitspielern auf der Familienbühne und greifen maßgeblich nicht nur in die Gestaltung der Eltern-Kind-Beziehung, sondern auch in die Qualität der Beziehung zwischen den Eltern ein.

Auch wenn sich das klassische Familienmodell durch neue Rollendefinitionen und Aufgabenverteilungen stark gewandelt hat, gilt nach wie vor die Tatsache, dass zwischen Müttern und Kindern von deren vorgeburtlichem Stadium bis etwa zur Pubertät eine dichtere Kommunikation besteht als in der Vater-Kind-Beziehung. Besonders das intensive Nähebedürfnis von Säuglingen und Kleinkindern stimuliert Mütter zu ständigen Reaktionen, ebenso muss das Kind die mütterlichen Angebote aufnehmen und verarbeiten. Auf diese Weise entsteht ein enger wechselseitiger Dialog von Gefühlen, Sprache und Handlungen, der die Regeln ihrer averbalen und verbalen Kommunikation und Interaktion festlegt.

Da jeder flüchtige Blick auf die Praxis der Verhaltensmuster zwischen Mutter und Kind einen davon überzeugen kann, wie stark diese von gegenseitigen Machtansprüchen durchmischt sind, bedarf der Machtfaktor hier keiner ausführlichen Illustration. Das Machtgefüge zwischen Mutter und Kind wird vom Säuglingsalter an systematisch aufgebaut und im Laufe der Jahre als feste Machtstruktur verinnerlicht. Während der Kindheit ist sie allen Machtanteilen im Vater-Kind-Verhältnis weit überlegen.

Dabei muss betont werden, dass Macht nicht primär einer bestimmten Wertung unterliegt, sie ist weder gut noch böse, sondern entwickelt sich erst durch die Arten ihres Gebrauchs in die eine oder andere Richtung. Die Macht der mütterlichen Liebe über das Kind oder die Macht der Liebe des Kindes über die Mutter können zu einem ebenso festen Bestandteil der wechselseitigen Bindung werden, wie auch die Macht des Hasses beide aneinanderschmieden kann. Vieles spricht dafür, dass die Dämonisierung der Frau und Mutter durch die Männerwelt eng mit der früh verankerten Machtstruktur zwischen Mutter und Kind zusammenhängen könnte, wie sie sich zwangsläufig aus dem systemischen Aufbau der Familie ergibt. Denn es ist einleuchtend, dass eine solche Macht, unter welchen Vorzeichen sie auch immer stehen mag, entscheidend zu der lebenslangen Bindung zwischen Mutter und Kind beiträgt. Die Ablösung von der Mutter gelingt immer nur teilweise und ist in der Regel langwieriger und schmerzvoller als die Ablösung vom Vater. Dies scheint für Töchter in gleicher Weise wie für Söhne zu gelten. Und auch umgekehrt: Mütter haben im Allgemeinen größere Schwierigkeiten als Väter, sich von ihren Kindern zu lösen.

Was aber passiert, wenn sich die »neuen Väter« bereits ab der Geburt durch mehr Anwesenheit, Pflegeverhalten, Empathie, emotionale Gestimmtheit und Kontaktangebote an der Versorgung der Kinder beteiligen und es zu einer stabilen Dreiecksbildung kommt? Die frühe Triangulierung verhindert nicht nur, wie bereits beschrieben, eine zu enge Bindung an die Mutter, sondern sie lockert damit gleichzeitig auch die Machtstrukturen zwischen Mutter und Kind auf. Mit diesem veränderten Akzent wird deutlich, dass im Unterschied zum Begriff der Bindung der Begriff der Macht sehr viel präziser die unfreiwilligen, unvermeidbaren und zwangsläufigen Elemente der Beziehung erfasst. Damit betont Macht deren unausweichlichen und dramatischen Charakter, der vom Begriff der Bindung eher neutralisiert und verharmlost wird. Der Satz: »Meine Mutter besitzt eine starke Macht über mich« drückt mehr aus als die Formulierung: »Ich habe eine starke Bindung an sie.« Obwohl beide Sätze den gleichen psychologischen Sachverhalt beinhalten können, nicht müssen, macht der erste viel klarer die schicksalhafte Verkettung deutlich.

Wenn sich also heute im Unterschied zur traditionellen Familie immer mehr Väter schon früh an der Kleinkindversorgung beteiligen, muss es zu einer Umverteilung zwischen mütterlicher und väterlicher Macht in der frühen Eltern-Kind-Beziehung kommen. Damit wäre tatsächlich ein evolutionärer Schritt für das ökologische Gleichgewicht des familiären Systems eingeleitet.

Um die Tragweite dieser in Ansätzen bereits erkennbaren Entwicklung zu ermessen, ist ein genauerer Blick auf die derzeit noch weit verbreitete Macht-Ohnmacht-Balance notwendig. Die Macht der Mutter, so sahen wir, resultiert in erster Linie aus ihrer engeren Bindung an die Kinder und ihrer daraus abgeleiteten Verfügungsgewalt im Kontext familiärer Ordnungen. Sie wird diese Macht umso mehr zu stabilisieren versuchen, je stärker sie sich von der Macht des Vaters unterdrückt fühlt, die dieser aus seinen Privilegien im außerfamiliären Feld bezieht. Wie heftig diese Machtkonkurrenz ausgetragen wird, hängt wesentlich von der erlebten Ohnmacht des Vaters im Familienverband ab.

Diese Ohnmacht ist vielschichtiger, als gemeinhin angenommen wird. Sie beginnt bereits in der Schwangerschaft, wenn der werdende Vater Zeuge eines elementaren Naturprozesses wird, von dem er ausgeschlossen bleibt. Der »mächtige« Bauch seiner hochschwangeren Frau repräsentiert eine Urgewalt von unfassbarer Dimension. Die Geburt selbst ist ein Wunder, wie es kein anderes in der Natur gibt. Und nach der Geburt verkörpern die geschwollenen Brüste und der einschießende Milchstrom eine naturhafte Potenz von einschüchternder Schönheit und Kraft.

Angesichts dieser Naturvorgänge erlebt der Vater seine relative Bedeutungslosigkeit. Frauen haben in der Regel ein genaues Wissen über die fast magische Wirkung ihrer naturhaften Macht. Ihr Selbstbewusstsein wächst mit der Geburt des Kindes sprunghaft an. Besonders in Fällen stärkerer Machtkonkurrenz zwischen den Eltern ist es verständlich, wenn Mütter den erreichten Machtzuwachs verteidigen. Die einsetzenden Bindungen an ihre Kinder und die Koalitionen mit ihnen, wenn sie älter sind, bilden ein reichhaltiges Spielfeld, auf dem dem Vater die Grenzen seiner Zuständigkeit aufgezeigt werden. Dann erfährt er zum zweiten Mal seine Ohnmacht, weil Mutter-Kind-Bindungen wie uneinnehmbare Festungen gebaut sein können.

Komplizierend kommt die aktive Mitwirkung der Kinder hinzu. Durch ihr natürliches Bedürfnis, sich mit dem stärkeren Familienmitglied zu identifizieren, kommt es zu verschwörerischen Bündnissen, die ganz wesentlich dem Angstschutz vor dem Liebesverlust durch dieses Mitglied dienen. Das Bündnis mit der Mutter schließt in der Regel eine Parteinahme gegen den Vater ein. Dabei wächst die Macht der Mutter weiter an, während der Vater zusätzlich verohnmächtigt und isoliert wird. Die Macht der Kinder in der Regulation von Familienkonflikten wird in der Regel weit unterschätzt. Der Topos »Aber Mama hat gesagt ...« markiert die Grenzen der väterlichen Einflussmöglichkeiten. Im Verlauf einer solchen Entwicklung werden wichtige Entscheidungen immer öfter von der Mutter allein oder in Absprache mit dem Kind getroffen und der Vater vor vollendete Tatsachen gestellt. Seine Eifersucht auf das enge Bündnis geht mit dem hilflosen Gefühl einher, nicht nur im äußeren Lebenszusammenhang, sondern auch emotional von den Kindern entfremdet zu werden. Wenn sich seine Enttäuschung in Zorn und Gewalt entlädt, wird die Kluft noch größer. Aber auch vermehrte Anstrengungen, die Kinder für sich zurückzugewinnen, nicht selten verbunden mit materieller Verwöhnung, verfehlen oftmals ihr Ziel, weil der Vater dadurch seine Abhängigkeit signalisiert und sich blindlings ausbeuten lässt. Väter verlieren ihr Vertrauen darauf oder wissen nicht, dass nur ein unbeirrtes Interesse am äußeren Schicksal des Kindes und eine konstante emotionale Zuwendung die Barrieren auf Dauer abbauen können. Es gehört zur alltäglichen therapeutischen Erfahrung, wie resignierend Väter vor solchen Situationen stehen, weil ihnen die Gewissheit fehlt, dass die Kinder mit zunehmendem Alter die Abhängigkeiten von den Müttern lösen und selbstständig entscheiden können, wie sie ihre Liebe auf beide Eltern verteilen wollen. Väter werden durch sie umso mehr belohnt, je stärker sie der Versuchung widerstanden haben, der scheinbaren Ausweglosigkeit durch inneren Rückzug oder äußere Fluchten zu entgehen.

Aus systemischer Sicht wäre es sehr einseitig, allein von der mütterlichen Macht und der Ohnmacht des Mannes zu sprechen. Vielmehr schafft die Macht der Mutter, auch unabhängig von ihren eigenen Machtbedürfnissen, oftmals ein notwendiges Äquivalent gegen ihre eigenen inner- wie außerfamiliären Ohnmachtserfahrungen und vor allem gegen die Macht des Vaters, die dieser dank seiner gesellschaftlichen Position in der Familie gebraucht. Erfahrungsgemäß erleben sich viele Väter deswegen als so ohnmächtig, weil sie die Macht, über die sie verfügen und die sie in der Beziehung zu allen Familienmitgliedern auch einsetzen, verleugnen. Da Macht, wenn sie nicht in grober Form missbraucht wird, einen überaus subtilen Mechanismus in der Gestaltung von Beziehungen darstellt, haben in aller Regel weder Mütter noch Väter, geschweige denn die Kinder, ein auch nur annäherndes Bewusstsein über die Intensität und die Art, wie sie ihre Machtmöglichkeiten nutzen und wie sich diese auswirken. Demgegenüber ist die Sensibilität für die Macht, die ein anderer auf einen selbst ausübt, sehr viel feiner entwickelt. Deswegen ist verständlich, wenn Mütter wie Väter gleichermaßen ihre Ohnmacht betonen und den Machtwillen jeweils nur dem anderen unterstellen. Diese Spaltung in der Wahrnehmung dürfte damit zusammenhängen, dass Leiden tiefer wahrgenommen wird als Lust, da es mit Kränkungen, Verletzungen und Einbußen des Selbstwertgefühls verbunden ist. Außerdem unterliegt die Ausübung von Macht – entgegen aller Realität – einem gesellschaftlichen Tabu. Daher müssen Machtimpulse stärker vom Bewusstsein abgespalten und verdrängt werden. Die Tatsache, dass sie sich dennoch immer wieder durchsetzen, belegt die Allgegenwart und Dranghaftigkeit dieses Bedürfnisses.

Die Macht-Ohnmacht-Dialektik in der Elternbeziehung selbst und in ihrer Rivalität um die Gunst des Kindes entstammt aber nicht nur aktuellen Interessenkonflikten und Widersprüchen innerhalb der Familie. Mit ihr wird zugleich wiederholt, was die Eltern als Erbe ihrer eigenen Kindheit verinnerlicht haben und unbewusst in die Gegenwart übertragen. Beide Elternteile erlebten die mütterliche Macht im Rahmen der frühen Bindung. Für den Vater werden in der Beziehung zu seiner Frau diese Erfahrungen und die mit ihnen verbundenen Ohnmachtsgefühle reaktiviert, weil er sich als Junge mit der Machtfülle der Mutter nicht in gleicher Weise identifizieren konnte wie das Mädchen. Für die Frau dagegen werden in ihrer jetzigen Mutterrolle die frühen Identifikationen wieder wirksam, durch die ihr mütterliches Selbstbewusstsein einen starken Zufluss an Kompetenz und Macht erfahren kann.

Durch die frühe Erfahrung der mütterlichen Macht wirkt sich die bereits genannte Dämonisierung der Frau durch den Mann bis in die Gegenwart aus. Die Ohnmachtsgefühle des Vaters finden hierin sicherlich einen zusätzlichen Grund. Die mit ihnen gepaarte Mischung aus Neid, Eifersucht, Ambivalenz und Rache ist noch heute von den Spuren der Kindheit geprägt. Im Zustand der Ohnmacht wird das Ich geschwächt. Daraus entstehen Gefühle der Angst. Die häufigsten Reaktionen auf Angst sind entweder Impulse der Gegenwehr oder der Flucht. Durch verstärkte Ausübung eigener Macht, durch aggressive Kränkung, Abwertung und Verletzung des mütterlichen Selbstwertgefühls oder schließlich durch offene Bedrohung und manifeste Gewalt können Gefühle der Angst und Ohnmacht abgewehrt werden. Diese Formen der Verteidigung entsprechen am ehesten dem Aggressionspotenzial des Mannes. Besonders die erschreckende Gewalt gegen Frauen weist in den meisten Fällen auf eine gestörte Macht-Ohnmacht-Balance hin. Zu den Fluchtmechanismen gehören am häufigsten Kontaktabbrüche, Rückzüge bis zur völligen Isolierung von der Familie und innerseelische Verarbeitungsformen, die als Erschöpfung, Schlafstörungen, Depressionen oder in anderen psychosomatischen Symptomen in Erscheinung treten können. Angst und Ohnmacht führen fast immer zu fantasierten Befürchtungen über die Folgen des mütterlichen Einflusses auf die Kinder. Sie werden durch die Gefühlsschwankungen und Launen der Mutter zu stark fixiert, verzärtelt, verwöhnt, verweichlicht, seelisch verzogen, zu streng behandelt, zu hart bestraft – kurz, alles Unglück kommt von der Mutter. Angst macht ungerecht, wie alle irrationalen Gefühle Vorurteilsbildungen begünstigen und Realitäten verzerren. Hierbei entsteht ein weiterer tragischer Zirkel. Durch das Misstrauen des Vaters wird die Mutter in ihrem natürlichen Umgang mit den Kindern verunsichert, und ihre Schuldgefühle wachsen an. Das macht sie unfähig, ihren Machteinfluss aufzulockern und gemeinsam mit dem Vater nach Wegen zu einer gerechteren Machtverteilung zu suchen; im Gegenteil kann sich die Machtstruktur verhärten und die

Macht-Ohnmacht-Balance weiter aus dem Gleichgewicht bringen.

Ich habe hier die »Machtfrage« ins Zentrum gerückt, weil sie im Familiensystem, wie in allen sozialen Systemen auch, eine zentrale Rolle spielt. Macht als essenzieller Bestandteil aller menschlichen Beziehungen stellt nur dort eine Gefahr dar, wo sie missbraucht wird oder zu einem Ungleichgewicht führt. Die Schwierigkeiten, diesen Gefahren zu entgehen, sind allerdings beträchtlich. Macht ist nicht messbar, unterscheidet sich qualitativ zwischen den einzelnen Machtträgern und erstreckt sich auf verschiedene Machtbereiche.

Durch den Wandel der modernen Familie sind die traditionellen Systemregeln grundlegend umgeschrieben worden. Frauen stehen der ihnen zugewiesenen Macht zwiespältig gegenüber; sie wollen sie, wie alle Aufgaben der frühen Kinderversorgung auch, mit dem Vater teilen und dafür im außerfamiliären Feld an der Macht des Mannes gleichberechtigt teilhaben. »Ich habe einen Sohn großgezogen, das war die einzige Macht, die ich je im Leben hätte haben können, und sie ist mir mit den Jahren zum Glück entzogen worden.«[34] Mit diesem Satz spricht die Schriftstellerin Monika Maron wohl für die Mehrheit der heutigen Mütter, deren weibliches Identitätsbedürfnis das mütterliche Element nicht ausgrenzen, aber um neue Dimensionen, nicht zuletzt die berufliche, erweitern möchte.

Damit steht die Familie vor der epochalen Aufgabe, einen für alle gerechten Verteilungsmodus der Macht auszuhandeln. Die Kämpfe, die darüber entbrennen, sind unvermeidbar. Sie stellen eine produktive Kraft dar, überholte Machtverhältnisse zu verändern. Wie notwendig die Veränderung für das Zusammenleben im Familiensystem ist, wird aus der Tatsache ersichtlich, dass Macht kein losgelöstes Phänomen zwischenmenschlicher Beziehungen darstellt, sondern in ein enges Netz von Gefühlsbindungen und Interaktionen eingebettet ist. Vertrauen, Zusammengehörigkeit, gemeinsame Verantwortung und Liebe lassen sich dauerhaft nur erhalten, wenn eine ausreichend stabile Machtbalance das System zusammenhält.

Bei dieser Utopie bleiben mindestens vier Fragen offen, die zur Skepsis mahnen. Die erste betrifft die ungerechte Arbeitsmarktlage und die Berufschancen für Frauen. Wenn sie sich weiter verschlechtern, bleiben die Mütter auch in der Zukunft unfreiwillig in der engen Bindung an die Kinder und die damit verbundene Macht gefangen.

Die zweite Frage betrifft die Bereitschaft der Väter, mit ihren Vorsätzen Ernst zu machen. Einerseits ist ihnen die Macht der Mütter über die Kinder unheimlich, andererseits delegieren sie noch zu gern die Aufgaben der Kinderversorgung, speziell im Kleinkindalter, an sie und fühlen sich wider besseres Wissen durch die klassische Arbeitsteilung entlastet.

Die dritte Frage betrifft die Bereitschaft der Mütter, ihre Macht tatsächlich abzugeben oder zu teilen. Viele Erfahrungen sprechen dafür, dass die stärkere Beteiligung der Väter an der Kinderversorgung zwar eingeklagt wird, aber der drohende Machtverlust zu subtilen Strategien führt, ihre Verantwortungsbereitschaft zu boykottieren und dadurch ihren Rückzügen Vorschub zu leisten.

Die vierte Frage schließlich: Wie stark ist inzwischen bei Männern nicht nur das Bewusstsein, sondern ihre Entschlossenheit gereift, von ihrer beruflichen und öffentlichen Macht abzugeben, um die Machtbalance in der Familie auszugleichen? Fortschritte in den letzten Jahrzehnten lassen sich nicht übersehen, sind aber immer noch von einem zähen Widerstand begleitet.

Vier Fragen mit offenem Ausgang. In allen vier Bereichen geht es um die zentrale Forderung an jeden, Macht abzugeben. Sie ist nur zu erfüllen, wenn die berechtigte Hoffnung auf einen Machtausgleich besteht. Damit sind die Probleme klar benannt. Sie zu lösen ist sowohl ein gesellschaftlicher als auch ein persönlicher Auftrag, im Interesse der Kinder, des eigenen Glücks und der Harmonie des sozialen Gemeinwesens.

VII.
Die berufliche Abwesenheit der Väter

Die Arbeit des Mannes war schon immer ein Widersacher des Familienglücks. Deswegen steht in der radikalen Kritik der Frauenbewegung die berufliche »Abwesenheit« des Vaters gleichzeitig für alle seine Defizite an Verfügbarkeit, Interesse, Engagement und Verantwortungsbereitschaft in der Kinderversorgung. Dieses Vorurteil hat historische und wissenschaftliche Gründe. Historisch datieren sie in eine Zeit, in der das Arbeitspensum des in der Regel allein verdienenden Mannes im Vergleich zu heute ungleich höher und das Bewusstsein für seine emotionale Kompetenz als Vater noch wenig aufgeklärt war. Seine »Abwesenheit« umfasste daher sowohl den zeitlichen wie den Gefühlsanteil. Die Wissenschaft ist unfreiwillig an der Vorurteilsbildung beteiligt, als sich die Vaterforschung über Jahrzehnte fast ausschließlich auf die Folgen der »Vaterdeprivation«, des Vaterentzugs, beschränkt hat. Dabei wurden oft keine klaren Grenzen zwischen der Vaterentbehrung durch Tod, Scheidung, Trennung, sonstige langjährige Abwesenheit und der normalen Berufstätigkeit gezogen. Der Feminismus hat diese Unklarheiten zu einem Ressentiment genutzt, das in den von Alexander Mitscherlich geprägten Begriffen der »vaterlosen Gesellschaft« und der »Unsichtbarkeit der Väter« ihre grundsätzliche »Abwesenheit« verurteilt.[35]

Inzwischen ist die definitive Vaterlosigkeit in ihren verschiedenen Erscheinungsformen und seelischen Langzeitfolgen für die betroffenen Kinder hinreichend erforscht.[36] Da aber die Missverständnisse und Unsicherheiten trotz der veränderten Vaterkonzepte speziell der jüngeren Männergeneration weiter anhalten, erscheint eine gesonderte Erörterung der beruflichen Abwesenheit sinnvoll. Zunächst ist dabei festzuhalten, dass seit einigen Jahrzehnten zunehmend mehr Mütter ebenfalls, wenn auch meist begrenzter, berufstätig sind, ohne deswegen eine ähnliche Kritik zu ernten. Berufstätigkeit lässt sich also nicht mehr als ein spezifisch männliches Merkmal definieren. Unabhängig von dieser Tatsache bleibt die Frage bestehen, ob und gegebenenfalls welche Mangelerlebnisse durch die berufliche Abwesenheit des Vaters für die kindliche Entwicklung zu erwarten sind.

Ab dem Zeitpunkt, zu dem das Kind aus der Symbiose mit der Mutter erwacht und den Vater als eigenständige Person wahrnimmt, richtet es seine Wünsche und Sehnsüchte nach Schutz und Geborgenheit auch an diesen. In einer harmonischen Dreiecksbeziehung ist sein Wohlbefinden am sichersten. Spätestens ab dem zweiten bis dritten Lebensjahr kann es diese Bedürfnisse auch deutlich artikulieren. Es ist traurig, wenn der Vater morgens aus dem Haus geht, und freut sich stürmisch, wenn er wiederkommt. Irgendwann möchte es stündlich mit ihm telefonieren, um sich wenigstens auf diese Art seiner Anwesenheit zu vergewissern.

Nach dem gegenwärtigen Stand unserer Kenntnisse müssen wir die berufsbedingte Abwesenheit des Vaters als normales Trauma der kindlichen Entwicklung auffassen. Freud sprach von den »unvermeidbaren« Traumata, die zu jeder menschlichen Entwicklung gehören. Dazu zählen das Trauma der Geburt, des Abstillens, der schrittweisen Trennung von der Mutter, der Geburt eines Geschwisters und anderer traumatischer Situationen, in denen das Kind auf die primäre Geborgenheit verzichten muss. Solche Traumata bedeuten nicht nur eine Labilisierung des seelischen Gleichgewichts, sondern immer auch einen »unvermeidbaren« und sogar notwendigen Anreiz zur Autonomiegewinnung und Individuation. So wie das Kind schon einmal in ganz früher Zeit den Wechsel von Separation und Wiederannäherung im langsamen Ablösungsprozess von der Mutter verarbeiten musste, schmerzhaft, »unvermeidbar« und befreiend, wiederholt es diese Erfahrung auf einer reiferen Stufe mit dem Vater, wenn er sich täglich für lange Stunden von der Familie entfernt. Der sich morgens trennende und abends wiederkehrende Vater vertieft die Grunderfahrung des Kindes, die es als lebenszyklisches Gesetz verinnerlichen muss. Individuation ist nur durch die Entwicklung einer ausreichenden Angst- und Trennungstoleranz möglich. Ihre Stabilität hängt von dem Vertrauen in die Wiederkehr eines Zustandes von Bindung und Geborgenheit ab. Insofern ist dem Kind die Erfahrung mit dem Vater nicht neu.

Damit kommt eine andere Dimension der Abwesenheit ins Spiel – ihre Qualität. Bezogen auf die »Anwesenheit« wissen wir heute, dass nicht so sehr ihr zeitliches Ausmaß als vielmehr ihre Qualität für die affektive Beziehung zum Kind von Bedeutung ist. Dieser wissenschaftlich gesicherte Befund lässt sich unschwer auf die Abwesenheit übertragen. Ein Vater, der während seiner Anwesenheit die Trennungen durch Spielfreude, Warmherzigkeit, Zugewandtheit sowie Förderung kindlicher Interessen und Ermutigung zu Unabhängigkeit und Selbstständigkeit ausgleicht, bietet eine Fülle von Identifikationsmöglichkeiten an, die dem Kind helfen, in sich ein verlässliches und kohärentes Vaterbild zu errichten, das ihm auch während der Trennungsphasen seine »Anwesenheit« garantiert. Die Beständigkeit einer liebevollen inneren Haltung und die nur durch Arbeitszeiten unterbrochene Kontinuität der Beziehung über lange Zeiträume sind gleichzeitig Stützpfeiler für den Aufbau eines angstfreien und konfliktfähigen Selbstbildes im Kind.

Diese Beschreibung zielt auf ein Ideal, insofern sie die Belastungen ausklammert, denen der Vater während der Arbeitszeit ausgesetzt ist und die seine Kraft und Bereitschaft überfordern können, sich in der Freizeit noch ungeteilt auf die Kontakt- und Spielbedürfnisse seiner Kinder einzustellen. Die Qualität und der Umfang seiner Arbeit bestimmen nicht nur sein eigenes Wohlbefinden, sondern die Beziehung zu den Kindern entscheidend mit. Das zu leugnen würde von wenig Realitätssinn zeugen. Aber ob die damit gegebenen Mangelerfahrungen der Kinder bereits ernsthafte Bedenken für ihre seelische Entwicklung rechtfertigen, muss aus verschiedenen Gründen bezweifelt werden.

Die Klagen über die Vaterabweseneit erwecken oft den Eindruck, als sei der Vater allein für das Wohl und Wehe der Kinder verantwortlich. Auch die Mütter sind es nicht, sondern beide werden von einem breiten außerfamiliären Erziehungs- und Bildungssystem unterstützt, das von früher Kindheit an für die notwendige Ablösung von der Familie auf dem Weg zur eigenen Individuation sorgt und die seelische, intellektuelle und soziale Reifung des Kindes durch ein erweitertes Beziehungsangebot von Erwachsenen und der Gruppe der Gleichartigen fördert und prägt. Das erweiterte System hält für die Kinder vielfältige Identifikationsmöglichkeiten bereit, die für die Entwicklung der eigenen Identität unentbehrlich sind. Durch die Entlastung von der Alleinverantwortung können Väter (und Mütter) nicht nur Freiräume für sich nutzen, sondern die Kinder ohne Schuldgefühle in den außerfamiliären Raum entlassen.

Die Gefahren der Vaterabwesenheit in einem aufreibenden und »entfremdeten« Beruf werden auch durch die wissenschaftlich gesicherten Erkenntnisse gemildert, dass besonders unter diesen Bedingungen für viele Väter die Familie zu einem Hort wird, in dem emotionale Bedürfnisse nach wechselseitigem Vertrauen, Geborgenheit und Liebe umso intensiver gelebt und entsprechende Defizite in der Arbeitswelt ausgeglichen werden können. Die Kinder erfahren dabei einen Grad an persönlicher Zuwendung, wie er nach dem Stand psychohistorischer Forschung in der vorindustriellen Zeit kaum denkbar war. Heute besteht eher die Gefahr, dass die Familie durch die im Berufsalltag nicht mehr austauschbaren menschlichen Gefühle überfrachtet wird. Ihre kompensatorische Funktion als Refugium unbefriedigter Emotionalität kann sowohl für die Partnerbeziehung als auch für die Vater-Kind-Beziehung eine Belastung bedeuten, weil durch sie unbewusste Besitzansprüche verstärkt und die Freiheitsbedürfnisse der anderen übermäßig eingeschränkt werden. In diesen Fällen droht nicht die Abwesenheit, sondern die »Übervaterung« zum Problem zu werden.

Durch die berufsbedingte Abwesenheit, so ein Argument,

erfahren die Kinder zu wenig emotionale Zuwendung, kognitive und instrumentelle Anleitung und, besonders für Jungen, Anreize zur rivalisierenden Auseinandersetzung, die zur Überwindung des Ödipuskomplexes und zum Aufbau eines stabilen Über-Ich notwendig seien. Dagegen ist einzuwenden, dass im historischen Vergleich Arbeitszeiten noch nie so kurz und Wochenenden und Urlaube noch nie so lang waren wie heute. Die Präsenz des Vaters in diesen freien Zeiten garantiert unter durchschnittlichen Bedingungen nicht nur eine emotional stabile Bindung, sondern genügend Möglichkeiten, den Kindern praktische Fertigkeiten zu vermitteln.

Wie wir sahen, sind es gerade die Väter, die bei ihren Kindern während und nach dem Spielalter ihre Aktionslust fördern und damit ihre instrumentellen Fähigkeiten schulen, ihre sportlichen Interessen, ihr handwerkliches Geschick, ihren Umgang mit moderner Technik. Wie baut man einen Turm aus Bauklötzen so, dass er nicht umfällt? Wenn du zwei rote Gummibärchen hast und drei grüne, wie viele sind es zusammen? Wie zeichnet man ein quadratisches Viereck? Mathematik, Physik, Chemie. Die Naturwissenschaften sind eine Domäne der Väter. An sie wenden sich die Kinder, wenn mal wieder eine Klassenarbeit bevorsteht. Und dann der Beginn des verwalteten Lebens. Wie schreibt man einen Lebenslauf, ein Bewerbungsschreiben, wie richtet man sich ein Sparkonto ein? Was ist eine Versicherung? Hierbei handeln nicht nur Väter mit ihren Kindern »Hand in Hand«, wie es Mitscherlich romantisierend nannte, sondern Elternhaus, Kindergarten und Schule tun es zusammen, um der jungen Generation den Weg in die komplexe Welt unserer heutigen Zivilisation zu bahnen. Diese Prozesse bedeuten keinen Verlust von Vaterautorität, sondern lediglich eine Umwandlung früherer Vaterbilder, durch die die Omnipotenz des Vaters zum Nutzen der Kinder gebrochen wurde.

Väter, wenn auch oft abwesend, begleiten durch die Kontinuität ihrer Beziehung die Kinder in den tausend kleinen Lernschritten, die von der frühen Kindheit bis ins Erwachsenenalter durchlaufen werden müssen. Sie sind stolz darauf, in der langen Zeit von zwei bis drei Jahrzehnten gemeinsam mit den Müttern die Grundlagen für die endlich erreichte Selbstständigkeit gelegt zu haben. Die fällige Verabschiedung des Vorurteils über ihre angebliche »Abwesenheit« und die Revision der Einstellung, dass »nie genug« ist, was sie bereit und fähig sind, für die Kinder einzusetzen, könnte ihre Bereitschaft zum Wandel und zur konstruktiven Zusammenarbeit stärken.

VIII.

Partnerschaft – Kinder – Beruf – Freizeit:

Akrobatik zwischen vier Systemen

»… was sie bereit und fähig sind, für die Kinder einzusetzen.«
Die Formulierung aus dem Schlussabsatz des letzten Kapitels
verweist auf die Grenzen väterlicher Verfügbarkeit. Väter sind
Männer. Männer wollen Sexualität und Kampf. Das ist ihre
primäre Natur. Noch in allen kulturellen Transformationen
setzt sie sich in mehr oder weniger sublimierter Form durch,
ob in der Ehe, im Beruf, in der Freizeit oder in der Beziehung
zu den Kindern, hier vielleicht in der abgemildertsten Form.
Die Rollen, die Männer in der Gesellschaft einnehmen, sind
das notwendige Stützwerk gegen ihre anarchistische Triebwelt. Zugeschriebene Rollen definieren sich als Einschränkungen vitaler Bedürfnisse. Durch ihre Verteilung auf die verschiedenen Rollen wird ihre Kraft gebändigt. Ein Mann, der
sein Leben überwiegend in den Dienst seines Berufes stellt,
wird zur Gefahr für sich und die anderen, weil diese Rolle allein sein Triebpotenzial nicht ausreichend binden kann.
Durchbrüche von Herrschsucht, Unterdrückung, tyrannischer
Gewalt oder sexueller Entfesselung sprengen dann immer
wieder die Grenzen sozialer Anpassung und geschehen im
Gewande asozialer Freiheit. Gegen diese Gefahr stehen dem
»zivilisierten« Mann traditionell vier Lebensbereiche zur
Verfügung, in denen er sein Triebpotenzial in humane zwi-
schenmenschliche Beziehungen und kulturelle Leistungen
umformen kann. Dabei entstehen allerdings Verteilungspro-
bleme bei der Balance zwischen innerem Triebhaushalt und
den Anforderungen der einzelnen Systeme, in die er als Mitglied integriert ist. Es kommt zu einer dialektischen Spannung
zwischen seinen Bedürfnissen, Interessen und seinem Willen
und den Erwartungen der anderen. Die wechselseitige Kon-

kurrenz der Systeme kann zu einer schweren Zerreißprobe werden.

Die Partnerin möchte geliebt und umsorgt werden und erwartet ein hohes Maß an Interesse und Zuwendung für ihren Lebensbereich. Sie möchte mehr gemeinsame Zeit und betrachtet den Beruf des Mannes leicht als notwendiges Übel. Die Berufstätigkeit verschlingt, besonders in der Aufbauphase und unter Zwängen von Verdienststeigerung, Erfolg und Karriere, enorme Mengen an libidinösen und aggressiven Energien, fordert höchsten Einsatz und droht mit Marginalisierung oder Ausstoßung aus dem System, wenn die erwünschten Leistungen nicht erbracht werden (ausbleibende Beförderung, Teilzeitarbeit, Arbeitslosigkeit, Frühberentung). Auch die Freizeit bedeutet nicht nur freie Zeit, sondern Verpflichtungen mit einem oft unterschätzten Erwartungsdruck. Ob ein Sportverein, ein Skat- oder Kegelclub, eine Gartenkolonie, eine politische Partei, eine Gewerkschaftsorganisation, eine basisdemokratische Initiative, die freiwillige Feuerwehr, eine Vorstands-, Ausschuss- oder Gremienzugehörigkeit in den zahllosen Institutionen des öffentlichen Lebens – immer dort, wo der Einzelne seine freie Zeit in eine soziale Gruppe einbringt, um entsprechende Interessen und sein Bedürfnis nach sozialen Kontakten zu befriedigen, bildet sich ein System fester Regeln, die nicht ungestraft verletzt werden dürfen. Freunde lästern, Kollegen sind gekränkt, und die Gruppe reagiert als Ganzes mit sozialer Ächtung, Isolierung und im schlimmsten Fall ebenfalls mit Ausstoßung. Keiner möchte gern vernachlässigt werden, jeder verlangt ein hohes Engagement vom anderen und, so irrational es auch sein mag, die Zurückstellung von Interessen und Verpflichtungen zugunsten der eigenen Sache.

Und die Kinder? Sollten sie rücksichtsvoller sein als die Erwachsenen der drei anderen Systeme? Sie möchten den Vater total, ob in der Anwesenheit, in der Zuwendung, im Trösten, im Interesse und im Verständnis. Sie wollen seine absolute Liebe. Nach der Arbeit muss er »sofort« nach Hause kommen, berufliche Reisen können zur Katastrophe werden, seine Freizeit »gehört« ihnen, lange Gespräche oder gar Zärtlichkeiten mit der Mutter sind ein Verrat und ein Buch, eine Zeitung, der Fernseher oder Musik beweisen, dass er sie nicht liebt, sie ihm nur lästig sind. Tränen, Trauer, Verstocktheit. Er soll sich ruhig anstrengen, um sie zurückzugewinnen.

Bei der vorbereitenden Lektüre zu diesem Buch war es für mich immer wieder erstaunlich, wie wenig in der wissenschaftlichen und populären Vaterliteratur die Spannung zwischen individueller Interessenlage und den konkurrierenden Ansprüchen der vier Systeme gesehen und das aus ihr resultierende äußere und innere Konfliktpotenzial des Vaters berücksichtigt wird. In der Regel erfolgt die Definition des Vaters allein von seiner väterlichen Rolle her, losgelöst von allen Funktionen, die ihn als Mann darüber hinaus bestimmen. Der Mann als Vater pur. Partnerschaft, Beruf und Freizeit werden dabei leicht zu misslichen Begleiterscheinungen, auf die der Vater, wenn er im Interesse der Kinder nur wollte, getrost verzichten könnte. Warum will er nur nicht? Verzweiflung, Anklage und Schuldzuschreibungen verdanken sich einem vollständigen unrealistischen Blick auf den Vater als Gesamtperson und sind die Folge übermäßiger Idealisierungsbedürfnisse.

Die Idealisierung und die an sie gekoppelten Ansprüche stellen den Vater vor fast unlösbare Widersprüche. Der erste ist ein innerer. Die Idealisierungen stimulieren seinen Narzissmus. Er möchte so sein, wie die anderen ihn sich wünschen. »Ein guter Vater, ja, wer wäre das nicht gern.« Das abgewandelte Brecht-Zitat steht als kategorischer Imperativ über seinem verinnerlichten Vater-Ideal. Aber er weiß, er kann es nicht erfüllen, so sehr er sich auch müht. »Die Verhältnisse, die sind nicht so.« Mit diesem Widerspruch muss er leben, solange er Vater ist.

Die äußeren Widersprüche ergeben sich aus den Anforderungen der vier konkurrierenden Systeme. Die Spannungen im Vater-Kind-System sind im Verlauf des Buches hinreichend deutlich geworden. Wie sehen sie in den drei anderen Teilsystemen von Partnerschaft, Beruf und Freizeit aus? Erst

139

ein genauerer Blick kann das Bild vom Vater abrunden. Um Einseitigkeiten vorzubeugen: Auch Mütter sind mit ähnlichen Widersprüchen konfrontiert und müssen vergleichbare akrobatische Leistungen bei der Verteilung ihrer Interessen und Bedürfnisse auf die vier Teilsysteme vollführen, zumal dann, wenn sie berufstätig sind. Da diese Probleme aber in der Frauenliteratur breite Beachtung finden, scheint hier die Akzentuierung der Situation des Vaters überfällig.

Die Partnerschaft gilt als das sensibelste aller vier Teilsysteme, weil sich in ihm zwei erwachsene und unabhängige Menschen begegnen, deren Zusammengehörigkeitsgefühle erst aus dem Gleichklang emotionaler Kräfte erwachsen. Seit die Ehe als rational geplante Zweckgemeinschaft ausgedient hat, wurden wechselseitige Gefühle von Anziehung, Zuneigung, Vertrauen, Zärtlichkeit und sexueller Liebe zu ausschlaggebenden Kriterien für Heiratsplanung oder feste Paarbeziehungen. An diese Tatsache ist zu erinnern, weil sie die psychologisch plausibelste Erklärung für die Instabilität heutiger Familienformen liefert.

Gefühle fassen wir als seelische Phänomene auf, die eng an die Triebbedürfnisse gekoppelt und daher ihrer Natur nach primär egoistisch sind. Erst durch die libidinöse Bindung an ein Objekt werden primär lustbetonte Gefühle wie Sättigung, Zufriedenheit, Wärme, Freude, Lust, Begeisterung, Leidenschaft, Sinnlichkeit und Verliebtheit in eine soziale Dimension eingebunden. Die höher entwickelten Gefühlsformen drücken sich als Anteilnahme, Einfühlung, Achtung, Mitleid, Verantwortung, Hingabe und Altruismus aus, die wir in ihrer Summe als das verstehen, was wir die Liebe heißen. Sie entwickeln sich aus Triebverzichten, Triebaufschüben und Sublimierungen im Interesse einer harmonischen Ergänzung mit dem geliebten Objekt.

Die Ehe stellt ein System dar, in dem jeder Partner für sich und den anderen um einen wechselseitigen und gerechten Ausgleich zwischen Triebbefriedigung und Triebverzicht bemüht sein muss, um eine positive Gefühlsbilanz für beide zu erreichen. Die Störanfälligkeit resultiert aus dem Hauptwiderspruch zwischen der primär narzisstischen Triebwelt und ihrer Umwandlung in objektbezogene Liebe. Der Widerspruch verschärft sich in dem Maße, in dem das sensible Gleichgewicht des Ehesystems durch Ansprüche anderer Teilsysteme belastet wird. Dies erklärt das fast regelhafte Auftreten von Krisen, wenn hinzukommende Kinder das Partnersystem zum Familiensystem erweitern. Das Familiensystem verlangt eine grundlegend neue Umverteilung im Trieb- und Gefühlshaushalt aller beteiligten Mitglieder. Wenn es den Ehepartnern dabei nicht gelingt, ihre emotionale Gemeinschaft durch stärkere zweckrationale Anteile zu ergänzen, wie sie die Versorgung der Kinder notwendig machen, gerät das System in Gefahr.

Die Scheidungsraten der letzten Jahrzehnte, der wachsende Trend zu alternativen Lebensgemeinschaften, zur kinderlosen und Einkindfamilie und zur Alleinerziehung sind als untrügliche Indikatoren einer Entwicklung zu werten, die die Lösung partnerschaftlicher Widersprüche immer schwieriger macht. Die wichtigsten Faktoren für diese Entwicklung sind bekanntlich die wachsende Individualisierung persönlicher und beruflicher Interessenlagen und der Drang zu einer immer ausgeprägteren Selbstverwirklichung und Befreiung von jeder Art institutionalisiertem Zwang. Die Neudefinition von Lebenszielen zeichnet sich im Rahmen der Emanzipationsbewegung derzeit am konsequentesten bei Frauen ab. Zwei Drittel aller Ehescheidungen werden heute von ihnen angestrebt; ihr Mut zu veränderten Formen der Lebenspraxis ist häufig ausgeprägter als bei Männern. Deren durchschnittlich konservativere Haltung schreckt eher vor definitiven Lösungen zurück. Die Bindung an die Kinder, Fragen des sozialen Status und finanzielle Interessen sind wichtige Gründe, warum sie an den formalen Bestand der Familie trotz der offensichtlichen Zerrüttung der Partnerschaft festhalten. Umso dramatischer muss den Vater daher die radikale und oft plötzliche Entscheidungsfähigkeit der Frau treffen, wenn sie das System der Familie bricht und ihn aus der Ehe und schlimmstenfalls aus dem Vater-Kind-System ausstößt.

Neben den möglichen Spannungen im Vater-Kind- und im Partnersystem liefert der Beruf zusätzlichen Zündstoff für das Anwachsen innerer und äußerer Konflikte. Er nimmt, wie wir an früherer Stelle sahen, eine zentrale Stellung in der Gesamtidentität des Mannes ein. Die dialektische Spannung zwischen Beruf und Familie lässt sich schlaglichtartig an der Doppelbedeutung des Wortes »Fortkommen« erhellen. Jeder Mann lernt bereits als Kind, was als Erwachsener seine Aufgabe ist: Er muss für sein Fortkommen sorgen. Nur durch Fortkommen wird das erträgliche Auskommen zum lohnenden Einkommen. In der Regel kommt ein Mann im Beruf umso weiter, je ungehinderter er von der Familie fortkommt. Es handelt sich bei diesen Wortspielen um nichts weniger als um die Bewegungsgesetze im Spannungsverhältnis von Beruf und Familie. Tendenziell laufen sie auf die Unvereinbarkeit beider Systembereiche hinaus. Wenn aber Beruf und Familie so schwer miteinander vereinbar sind und sich unter besonderen Bedingungen der Widerspruch zuspitzt, gerät der Mann in eine Zwickmühle. Er möchte für die Familie da sein, kann aber unter den gegenwärtigen Bedingungen des Arbeitsmarktes sein berufliches Engagement nicht aufgeben. Die Sicherung des Arbeitsplatzes, die Sicherung der Familie und die Sicherung der Ausbildung und der Zukunft seiner Kinder zwingen ihn, sich den Arbeitsgesetzen zu unterwerfen. Dabei muss er alle Ressourcen mobilisieren, die er aus seiner eigenen Energie und aus der Befriedigung und sozialen Unterstützung im Beruf und in der Familie schöpft, um den Widerspruch täglich aufs Neue zu lösen.

Wenn er zur Reduzierung der inneren und äußeren Spannungen eines Tages beginnt, seine Familie zu vernachlässigen, lassen die Sanktionen nicht lange auf sich warten, weil sowohl die Partnerin wie die Kinder den Druck und die Anforderungen zur Erhaltung ihres Systems erhöhen werden. Aus der Stresspsychologie und der psychosomatischen Medizin ist hinlänglich bekannt, dass dauerhafte und unentrinnbare Zerreißproben zur Fehlregulation der physiologischen und psychologischen Balance des Organismus führen und in

Erkrankungen umschlagen können. Allgemeine Nervosität und Reizbarkeit, Schlafstörungen und Erschöpfungszustände, Depressionen, Herzinfarkte, Magengeschwüre, verschiedene Suchtformen, Neigung zu Arbeits- und Verkehrsunfällen, Suizide, vorzeitige Alterung und eine im Vergleich zu Frauen um sechs Jahre verkürzte Lebenserwartung zählen zu den wichtigsten Symptomen des Zusammenbruchs des körperlich-seelischen Gleichgewichts unter der Summation von Belastungen, die nicht mehr aus eigener Kraft bewältigt werden können.

Eine in psychologischer Hinsicht wichtige Unterscheidung betrifft dabei die Arten des Stress. So lässt sich zwischen einem fremdbestimmten oder objektiven Stress und einem selbstbestimmten und subjektiven Stress unterschieden. Zu den objektiven Stressfaktoren gehören alle Belastungen, die mit der Arbeit unmittelbar verbunden sind oder von äußeren Rahmenbedingungen diktiert werden. Geläufige Beispiele sind schwere körperliche Arbeit, starkes Gefährdungspotenzial des Arbeitsplatzes, hoher Lärmpegel, Umgang mit gesundheitsschädigenden Substanzen, monotone Verrichtungen, Niedrigarbeitslohn, Akkord- und Nachtarbeit, konfliktreiches Arbeitsklima, drohender Arbeitsplatzverlust, Teilzeitarbeit und Höchstleistungen fordernde Vorgesetzte.

Die subjektiven Stressfaktoren ergeben sich dagegen aus inneren Motiven wie überhöhtem Ehrgeiz, Arbeitswut, Arbeitssucht, Besitzstreben, Erfolgsdenken, Karrieresüchtigkeit und Statusproblemen. Dabei dient die Arbeitsleistung häufig der Kompensation von Unsicherheit, Kontaktproblemen, mangelnder sozialer Anerkennung, Frustrationen im Privatleben und der Zugehörigkeit zu einer unteren Sozialschicht. Besonders Letztere erzeugt oftmals eine charakteristische Aufsteigermentalität, bei der sich Männer dauerhaft in subjektiver und objektiver Weise überfordern. Aller selbst gemachte Stress begünstigt besonders die Entstehung von psychischen, psychosomatischen und psychosozialen Fehlregulationen.

Für viele Männer ist es oft schwer, zwischen fremdbestimmtem und selbst gemachtem Stress zu unterscheiden. Den dauerhaften Druck, unter dem sie stehen, halten sie für objektiv unvermeidbar, weil ihnen nicht bewusst wird, dass ihr Leistungsanspruch meist aus verschiedenen unbewussten Motiven stammt. Selbst produzierter Stress entsteht auch häufig dort, wo eine streng verinnerlichte Arbeitsmoral oder Autoritätsprobleme gegenüber Vorgesetzten und der Obrigkeit verhindern, sich in angemessener Form gegen Überforderung und Ausbeutung jeder Art zu wehren. Nein sagen zu können und die klare Abgrenzungsfähigkeit am rechten Ort und zur rechten Zeit gehören in weiten Teilen der Bevölkerung noch immer zu den verinnerlichten Verboten im Rahmen autoritärer Sozialisationspraktiken. Diese Tabus wirken sich besonders für Männer nachteilig aus, die sich durch ihre starke Berufsorientiertheit und -identität vor Übergriffen in der Arbeitswelt zu wenig schützen können.

Hier zeichnen sich zum Glück schrittweise Veränderungen ab. Der gesellschaftliche Wertewandel der letzten drei Jahrzehnte hat bei einer wachsenden Zahl von Männern zu einer kritischen Revision der bisherigen Überbewertung von Zweckrationalität, blindem Fortschrittsglauben und der beglückenden Macht des Geldes geführt. Damit lockern sich für sie auch die libidinösen Bindungen an den Beruf. Karriere, Erfolg um jeden Preis und die Maximierung des Wohlstandes werden vielen verdächtig. Die Befreiung der eigenen Gefühlswelt und die lebendige Gestaltung zwischenmenschlicher Beziehungen erweitern das Bewusstsein für eine ganzheitliche Identität. Diese Verzahnung gesellschaftlicher und individueller Transformationen führt zu neuen Leitbildern von Männlichkeit. Nur in diesem historischen Kontext ist der Begriff der »neuen Väterlichkeit« zu begreifen. Wenn er nicht nur äußerlich bleiben soll, ist das mit ihm verbundene Ideal nicht durch eine isolierte Neudefinition der Vaterrolle zu erreichen, sondern seine Verwirklichung setzt einen intellektuellen und psychischen Umbau voraus, der die Gesamtperson betrifft. Die stärkere emotionale Eingebundensein in die Vater-Kind-Beziehung und in die Partnerschaft steht nicht für sich, sondern in engem Zusammenhang mit grundlegenden Einstellungsänderungen zum System der Berufswelt. Nur so lässt sich die tendenzielle Unvereinbarkeit von Beruf und Familie langsam überwinden. Beide Systeme verlangen nach einem Ausgleich, um die zerstörerischen und krankmachenden Widersprüche in einer ganzheitlichen Synthese auflösen zu können. Die Chancen dazu werden größer.

Das vierte Teilsystem, der an früherer Stelle bereits beschriebene Freizeitbereich, wird in seiner Bedeutung für die seelische Ökonomie des Vaters in aller Regel unterschätzt. Die freie Zeit wird als Spielwiese betrachtet, auf der er seine kindlichen Bedürfnisse ausleben darf, ein Tummelplatz für Spaß und Amüsement, ein idealer Ort, an dem Kommerz und Medienrummel fröhliche Urständ feiern. Sie wird ihm nur zugebilligt, soweit er seinen Pflichten ausreichend nachkommt. Was ausreichend ist, bestimmen die anderen. In solcher Entmündigung erlebt der Mann eine Neuauflage seiner Kindheitserfahrungen: »Erst kommt die Arbeit, dann das Spiel.« Damals hat er gelernt, wie man diese Gebote unterlaufen kann, durch heimliche Verweigerung, stillen Protest und Sich-unsichtbar-Machen. So weicht er auch heute aus. Je strenger die Maßnahme, umso öfter stiehlt er sich davon, bleibt länger fort, erfindet Ausreden, verpasst den letzten Bus. Denn das genau repräsentiert die Freizeit: die Freiheit von fremdbestimmtem Zwang. Sosehr er seine Frau, seine Kinder und seinen Beruf liebt, so stark ist diese Liebe auch mit Verpflichtung und Verantwortung verbunden. Sich völlig für sie aufzuopfern würde viele eigene Bedürfnisse, Interessen und Begabungen verkümmern lassen.

Ideologisch wird Freizeit entgegen dem wachsenden Boom der Freizeitindustrie marginalisiert, weil ihre stärkere Gewichtung enthüllen könnte, dass jeder Mensch eine Vielzahl von Identitäten in sich birgt, die ihr Recht auf Entfaltung behaupten. Dagegen steht der gesellschaftliche Konsens zur Normierung und Eingrenzung von Identitäten. Für den Mann gelten drei Identitäten als normal – seine Identität als Partner, seine Vater- und seine Berufsidentität. Sie stimmen mit den Rollen überein, die ihm von der Gesellschaft zugewiesen werden. Alles, was ihren Rahmen sprengt, bedroht die Systeme, zu denen er als Mitglied gehört.

Wenn man jedoch den Freizeitbereich genauer ins Auge fasst, wird deutlich, dass die in ihm ausgeübten Tätigkeiten keineswegs nur dem Prinzip der Beliebigkeit folgen und lediglich der Freude, Entspannung und Rekreation zur Wiederherstellung der Arbeits- und Liebesfähigkeit dienen. Die meisten Freizeitgestaltungen, in der Regel als »Hobby« verniedlicht, verraten etwas von den Sehnsüchten, Vorstellungen und Wünschen, die vielfältigen Möglichkeiten der eigenen Person »ins Spiel zu bringen«, deren Entwicklung bereits in der Kindheit verschüttet oder durch die späteren Rollenfestlegungen verhindert wurde. Der oft langwierige Prozess der Berufsfindung junger Menschen hat mit den vielen Alternativen ihrer eigenen Selbstentwürfe zu tun und dem Zwang, sich nur für einen Beruf als lebenslange Aufgabe entscheiden zu müssen.

Wie weit Fragen der Identität in den Freizeitbereich hineinreichen, wird besonders bei den Männern evident, die den Beruf nicht genügend libidinös besetzen können, weil er von dritter Stelle aufgezwungen wurde oder aus materiellen, bildungsmäßigen oder arbeitsmarktbedingten Gründen nicht gewählt werden konnte. Besonders der letztgenannte Grund bekommt in unserer Gegenwart, in der immer weniger Heranwachsende den Beruf ihrer Wahl ergreifen können, ein völlig neues Gewicht, weil sich im Rahmen dieser Entwicklung die bedürfnisgeleiteten Neigungen immer stärker in den Freizeitbereich verlagern.

»Freiheit«, schreibt Canetti, »ist die Spannung und der heftige Wunsch, immer neue Grenzen zu überschreiten, so als ob sie nicht vorhanden wären.« Und an anderer Stelle: »Es gibt kein Ende für den schöpferischen Gedanken des Menschen. In diesem Fluch liegt die einzige Hoffnung.«[37]

Die Freizeit ist für jeden Menschen und damit auch für den Vater der Raum der Grenzüberschreitungen, des Versuchs, die Grenzen immer ein kleines Stück weiter hinauszuschieben, um seine Möglichkeiten auszutesten und seine Kreativität zu erweitern – um zu erfahren, wer er ist. Ohne dieses Vergnügen, diese Lust, die »Spannung« und den »Fluch« hört er auf, ein ganzer Mensch zu sein oder es werden zu wollen.

Noch in jedem Spiel, in jedem Sport, in jeder handwerklichen Tätigkeit, in jedem Sammeln, ob von Schmetterlingen, Briefmarken, Büchern oder Kunstwerken, bei jeder Beschäftigung in der Natur und in jedem Musizieren, Singen, Tanzen, Lesen, Malen oder Schreiben scheint die Möglichkeit einer anderen Existenz auf. Dabei werden die Spuren der bewussten wie unbewussten Fantasien über erträumte Identitäten jenseits der Grenzen der Realität sichtbar. Alle diese Tätigkeiten dienen dazu, das Ich weiter zu machen, lebendiger, und es von frühen Beschädigungen zu heilen. Nicht zuletzt neutralisieren sie überschüssige und zerstörerische aggressive und sexuelle Energien und binden sie durch Sublimierungen in kulturelle Leistungen und soziale Funktionen ein.

Die Systeme aus Partnerschaft, Kindern, Beruf und Freizeit sind, wie der Überblick gezeigt hat, von Antinomien beherrscht, von denen schwer vorstellbar ist, wie sie jemals befriedigend gelöst werden können. Wenn schon jedes System für sich eine hohe Flexibilität, Anpassungsbereitschaft und die Fähigkeit zum Verzicht erfordert, um ein ausreichend harmonisches Gleichgewicht zu erhalten, grenzt ein gelungener Interessenausgleich zwischen den vier miteinander konkurrierenden Systemen nahezu an ein Wunder. Deshalb ähnelt die Akrobatik des Vaters zwischen den vier Polen einem Tanz auf einem quadratisch ausgespannten Seil in großer Höhe und ohne Netz. Dabei hängt es aber nicht allein von seinem Mut und seiner Geschicklichkeit ab, sondern ebenso von der Elastizität, Spannkraft und Belastbarkeit des Seils, ob er die einzelnen Wegstrecken ohne Absturz bewältigt.

Der Blick auf die Gegenwart zeigt, wie unkoordiniert die einzelnen Teilsysteme häufig nebeneinander existieren und wie komplex die Aufgaben zu ihrer Zusammenführung sind. Die derzeitigen Umbrüche in allen Feldern der Gesellschaft könnten jedoch darauf hindeuten, dass sie nicht nur das Scheitern eines harmonischen Ausgleichs ausdrücken; aus optimistischer Perspektive kündigen sie auch einen Wandel an, der langfristig die Versöhnung der Systeme im Sinne eines ganzheitlichen Miteinander anstrebt. Durch Fortschritte zu einer aktuell stark diskutierten »Geschlechterdemokratie«, die nicht nur die Gleichberechtigung, sondern die Gleichwertigkeit von Frau und Mann in Familie, Beruf und öffentlichem Leben zum Ziel hat, wie es die amerikanische Psychoanalytikerin Jessica Benjamin eindrucksvoll beschrieben hat,[38] durch den Umbau der Berufswelt mit einer flexiblen Arbeitszeitgestaltung für Mütter und Väter und der weiteren Absenkung der Arbeitszeit, durch eine damit verbundene Ausdehnung der Freizeiträume für die Familie und eigene Interessen und schließlich durch innovative Umgestaltungen der Familienstruktur vernetzen sich die Systeme und stabilisieren ihre Balance. Ehe, Kinder, Beruf und Freizeit müssten damit für Väter (und Mütter) nicht mehr zu einer Frage ihrer akrobatischen Fähigkeiten werden, sondern zu einer lustvollen Aufgabe.

IX.
Väter und das liebe Geld

Da Geld die Welt regiert, also auch die Familie, sollen einige psychologische Überlegungen besser als die schwankenden Börsenkurse etwas mehr Licht in die Unheimlichkeit seiner Macht bringen. Die Unheimlichkeit beruht darauf, dass Geld nicht nur einen materiellen Wert ausdrückt, sondern wie kein anderes Gut mit seinen symbolischen Bedeutungen unser Fühlen, Denken und Handeln mehr durchdringt, als uns lieb sein kann und als wir zuzugeben bereit wären. So klammern wir uns besonders in Konfliktfällen meist an die Oberfläche, rechtfertigen unsere Wünsche und unser Handeln mit materiellen Argumenten und halten die tiefer liegenden Motive verborgen. Aber der berühmte und verbreitete »Streit um das Geld« hat viele Facetten. Welche Rolle spielt es in der Familie und wie sind Väter in diesen Komplex verwickelt?

Im Allgemeinen gilt der Vater in unserer Gesellschaft bis heute als Hauptverdiener der Familie. Auch wenn die Berufstätigkeit und die Qualifikation der Frauen in den letzten Jahrzehnten ständig zunahmen, liegt ihr Einkommen im gesellschaftlichen Durchschnitt nur relativ selten auf gleichem oder gar höherem Niveau als das des Mannes. Dies gilt vor allem für die Zeitspanne, in der sie voll oder überwiegend die Versorgung der Kinder tragen. Unter diesen Vorzeichen muss man davon ausgehen, dass der Mann durchschnittlich über die größeren finanziellen Machtmittel verfügt. Damit kann er über die Höhe des zugeteilten Haushalts- und Taschengeldes, über Anschaffungen, Reisen, Rücklagen und die Ausbildung seiner Kinder weitgehend selbst entscheiden. Diese strikte Machtbefugnis hat sich bereits seit langem in breiten Teilen der Bevölkerung zwar zugunsten einer gemeinschaftlichen

Verwaltung der Finanzmittel gewandelt, aber solche Überkommen sind durchaus noch nicht die Regel und, das ist ihr Haken, sie sind jederzeit kündbar. Bei stärkeren Konflikten droht der Frau der willkürliche Rückgriff des Mannes auf sein Finanzmonopol. Besonders für Frauen ohne eigenes Einkommen werden dadurch Abhängigkeiten geschaffen, die von ihnen zu Recht als Ungerechtigkeit und Demütigung erlebt werden.

Im Kapitel über die Machtbalance in der Familie war bereits vom Missbrauch finanzieller Macht durch den Mann die Rede, die zwangsläufig zur Konkurrenz mit der Machtposition der Frau führt, wobei die Kinder, ebenfalls missbräuchlich, zu ihrem überzeugendsten Pfand werden können. Die sich daraus entwickelnde Machtspirale tritt, abhängig von der psychischen Struktur der Partner, vornehmlich in drei Streitformen in Erscheinung. Bei der ersten beherrscht das Geldthema ganz offen die Beziehung und legt sich wie ein Fluch über sie. Über Geld wird gestritten, gezankt, gehadert, gefeilscht, alles wird durchgerechnet, aufgerechnet und auf Heller und Pfennig abgerechnet. Bei der zweiten Streitform wird von beiden Partnern die Bedeutung des Geldes verleugnet. Nach dem Motto »Geld hat man« wird über Geld nicht gesprochen, weil es »schnöde«, »dreckig« und »schmutzig« ist. Man muss reich, vornehm und gebildet sein, um sich diesen Luxus leisten zu können. Erst wenn die Fassade bröckelt oder gar zerfällt, tritt das verborgene materielle Denken zutage. Wohlhabende Paare unterscheiden sich, speziell in Nachscheidungskonflikten, in Gelddingen um nichts von wenig Vermögenden, im Gegenteil. Schließlich geht es um ansehnliche Summen. An der dritten Streitform sind Partner von stark unterschiedlichem Charakter beteiligt. Dabei paart sich der Geldkomplex des Mannes mit übertriebener Bescheidenheit, Sparsamkeit bis zur Knausrigkeit, während die Frau spendabel und freizügig, zeitweilig leichtsinnig mit dem Geld umgeht. Je mehr sich beide Partner ihre Eigenschaften vorwerfen, umso leichter treiben sie sich gegenseitig in sie hinein.

In allen diesen eskalierenden Streitsituationen hat der

Mann in seiner Rolle als Vater schlechte Karten in der Hand. Was nützt ihm sein finanzielles Machtmonopol, wenn er die Kinder auf der Seite der Mutter weiß? Kinder sind von Natur aus oral. Der Mund ist das erste Organ, mit dem sich der Säugling die Welt aneignen kann. Die Milch spendende Brust der Mutter als nie versiegende Quelle lustvoller Nahrungsaufnahme wird zum Urbild der Sättigung, Nuckeln und Saugen sind die ersten Tätigkeiten zur aktiven Herstellung von Befriedigung. Indem Säuglinge und Kleinkinder alles in den Mund nehmen, was ihnen in die Finger gerät, und verschlingen, was sich der Einverleibung nicht widersetzt, machen sie sich die Objekte der Welt erfahrbar. Sich der Dinge zu bemächtigen, haben und besitzen zu wollen, bilden die Grundformen menschlicher Antriebe. »Alles ist meins.« Um die räuberische Unersättlichkeit von Kindern zu mildern und zu sozialisieren, bedarf es eines hohen kulturellen und erzieherischen Aufwandes.

Die beschriebenen Machtkämpfe der Eltern ums Geld sind für ältere Kinder eine Versuchung. Sie haben eine Spürnase dafür, wo etwas zu holen ist. Mütter müssen also nicht viel tun, um sie zu Verbündeten zu machen. »Frag Papa, ob er dir das kauft.« Sie fragen, bitten, betteln, quengeln, schmeicheln sich ein und verführen den Vater so lange, bis er nachgibt. Uneinigkeit der Eltern in Geldfragen ist Gift für kleine Seelen. Einigkeit ist besonders gefragt in einer Zeit, in der die Bemühungen der Eltern, die orale Triebwelt ihrer Kinder zu zügeln, permanent von den skrupellosen und fast kriminell anmutenden Verkaufs- und Werbestrategien einer Industrie unterlaufen werden, die den Kleinen das Himmelreich auf Erden vorgaukeln, ein Schlaraffenland erfüllbarer Träume, wären da nicht die bösen Eltern mit ihren vorgeschobenen Riegeln. Aber die Industrie weiß, dass solche Elternvorbilder zum Aussterben verurteilt sind. Wer von ihnen will schon zurückstehen? Der Trend der Zeit setzt auf Konsum, den Goldrausch der Moderne. Warum sollen sich die Kinder versagen, was die Eltern so großzügig genießen? Verwöhnte Erwachsene erziehen verwöhnte Kinder.

Die Vorstellung von Kindern über den Wert des Geldes bleibt erstaunlich lange an magisches Denken geknüpft. Ihr regelmäßiges Taschengeld soll sie in den Umgang mit Geld einüben. Es bleibt lange Zeit der einzige Maßstab für den Preisvergleich von Gütern. Eine Cola, ein Eis, eine Tüte Gummibärchen, ein Comikheft. Alles, was darüber liegt, entzieht sich ihrer Realitätseinschätzung, auch wenn sie längst komplizierte Rechenaufgaben lösen können. Irgendetwas in ihnen scheint sich dagegen zu sträuben, die Lebenskosten der Familie und den Verdienst des Vaters und der Mutter einer realistischen Prüfung zu unterziehen. Selbst Jugendliche und Heranwachsende, soweit sie noch nicht berufstätig sind, können oft weder Brutto- und Nettoeinkommen unterscheiden, noch interessieren sie sich für Steuern und Sozialabgaben, Versicherungen, Mieten oder sonstige feste Ausgaben der Familie. Vermutlich hängt diese Verleugnung mit einer hartnäckigen Verteidigung ihrer Illusionen über die unbegrenzt erscheinenden Verdienstmöglichkeiten, insbesondere des Vaters, und den angesammelten Reichtum zusammen. Für Kinder bleibt der Vater, wenn seine Armut nicht offensichtlich ist und sie selbst darunter zu leiden haben, der ewige Goldesel. Man braucht nur »Sesam öffne dich!« zu ihm zu sagen, und schon zückt er eine prallgefüllte Brieftasche oder sein Scheckheft, um die Ansprüche der Kinder zu bedienen. Nicht nur in dem Märchen »Tischlein deck dich«, »Goldesel«, und »Knüppel aus dem Sack« der Brüder Grimm taucht das Gold als magisches Symbol nie endenden Wohlstandes auf. Das Motiv durchzieht nahezu alle Kulturschöpfungen, vom Mythos über die Märchen, den Aberglauben, die Magie, die Religion bis hin zur Literatur. Es ist der Traum von der ewigen Glückseligkeit, die an der Mutterbrust beginnt und an der Geldbörse des Vaters vor Anker geht.

Der Vater, der Repräsentant des Mammon, der Dukatenscheißer, der über die Zauberformeln verfügt, die langwährendes Glück verheißen, ist diesen Projektionen gegenüber selbst recht ambivalent. Einerseits ist er stolz auf die ihm zugeschriebene Potenz, die, ob real oder nur in der Fiktion bestehend, sein Selbstbewusstsein steigert. Andererseits quälen ihn die ständigen Ansprüche, weil sie mit der Angst gekoppelt sind, dass durch die Ungunst des Schicksals eines Tages seine Macht zu Staub zerfallen könnte. So unternimmt er große Anstrengungen, durch Einkommenssteigerungen seine Potenz und sein Ansehen zu erhalten. Was er dadurch der Familie und besonders den Kindern an Kontakt entzieht, versucht er durch Geldzuwendungen und Geschenke auszugleichen. Aus diesem Teufelskreis auszusteigen würde ein radikales Umdenken über den Wert des Geldes voraussetzen. »Geld macht nicht glücklich«, sagen die einen, die es haben, »wer Geld hat, lebt besser« die anderen, die nicht im Überfluss leben. Dieser Widerspruch muss täglich gelöst werden.

Die Faszination des Geldes lässt sich über seine materielle Bedeutung hinaus nicht von der symbolischen trennen. Geld besitzt eine magische Verführung als Sinnbild von Opfer, Geschenk, Liebe und nicht zuletzt von Sexualität. Da der Mann in der Regel über die größeren Geldmittel verfügt, ist er, ob er will oder nicht, unlösbar in ihre symbolischen Funktionen verstrickt. Sein »Geldopfer« wird bewusst und unbewusst als Liebesbeweis gehandelt. Blumen für die Frauen, Schmuck, Kleider, Theaterbesuche, Menüs und teure Reisen. Die Geschenke des Mannes sind Huldigungen und Ausdruck seiner Bewunderungen und seines Begehrens. Frauen lieben es, verwöhnt zu werden. Ihr Tauschwert ist, allem Widerspruch zum Trotz, der Zauber ihrer Weiblichkeit, die Anziehungskraft ihrer Erotik, denen kein Mann, dem Fluch und der Lust seiner Sexualität gehorchend, widerstehen kann. Freud hat den Sachverhalt im Zusammenhang mit den vielen Fehlleistungen von Frauen bei der Bezahlung von Dienstleistungen charmant beschrieben: »Sie zahlen gleichsam mit ihrem Anblick, ›um ihrer schönen Augen willen‹.«[39]

Besonders durch die symbolische Macht des Geldes gerät der Vater in der Familie in eine vertrackte Falle. Er genießt die Privilegien seines Geldes, den Wohlstand, das Ansehen und seine Entscheidungskompetenz. Aber wie sicher kann er sein, ob die Zärtlichkeit, Liebe und sexuelle Hingabe seiner Frau mehr ihren wahren Gefühlen oder ihren Zugeständnissen an seine finanzielle »Potenz« geschuldet sind? Wie hoch ist der Preis der Liebe und wie abhängig von seiner Opferbereitschaft? Auch diese Thematik findet sich in allen Kulturepochen literarisch verarbeitet, mal in ihren tragischen, mal in ihren komischen Verstrickungen. Der Alltag lässt diese Komik meistens vermissen. Weil der reale und symbolische Tauschwertcharakter des Geldes eine unentwirrbare Einheit bildet, kann sich in solchen Situationen die Beziehung in ein heimliches Monopoly verwandeln, bei dem beide Partner ihre Seelen verkaufen.

Auch die Kinder lieben reiche Väter. Sobald sie die Bedeutung des Geldes erkannt und seinen Tauschwert in der Beziehung der Eltern durchschaut haben, wird auch für sie das Geld mehr als nur ein materieller Wert. Sie lernen schnell, dass sich die geläufige Redewendung »sich Liebe erkaufen« auch umkehren lässt; je sparsamer man mit der Liebe umgeht, umso mehr steigt ihr Preis. Das ist keine kalte Berechnung, sondern unterstreicht die Tatsache, dass bereits im frühen psychischen Erleben ein Symbolisierungsprozess mit einer unbewussten Gleichstellung von Geld und Liebe einsetzt. Kindern blanken Materialismus zu unterstellen, wäre daher verkürzt. Neben ihren oralen Bedürfnissen hat für sie, wie für Erwachsene, jede nicht ausdrücklich durch Leistung erzielte Geldzuwendung eben diesen emotionalen Stellenwert. Deswegen ist zum Beispiel Taschengeldentzug für sie gleichbedeutend mit Liebesentzug, eine Strafmaßnahme, die in ihrem Doppelaspekt zu bedenken ist.

So psychologisch relevant die geschilderten Zusammenhänge sind, so nachdrücklich muss an den Grundsatz erinnert werden, nach dem »Liebe durch kein Geld der Welt aufzuwiegen ist«. Unter dem Stress von Arbeitsbelastung und Zeitnot tendieren viele Väter dazu, ihn aus ihrem Stammbuch zu streichen. Ihre Großzügigkeit und ihre spendable Haltung münden nicht selten in eine Verwöhnung, bei der sich Schuldgefühle über ihre Versäumnisse und der Wunsch nach der Liebe der Kinder die Hand reichen. Auf diese Weise werden Letztere zwangsläufig zu Nachkommen des Stammes »Nimm« herangezogen, die den Konsum als Surrogat für Liebe schätzen lernen und ihre materiellen Ansprüche weiter steigern.

Eine besondere Gefahr, Geld als Liebespfand zu handeln, besteht bei Geschwisterbeziehungen. Eine ungleiche Verteilung von Geld und Geschenken drückt bei allem bewussten Willen zur Gerechtigkeit unbewusst stets einen unterschiedlichen Grad der Zuneigung und Liebe zu den einzelnen Geschwistern aus. Deren Streit schon bei der kleinsten Unausgewogenheit wird in erster Linie durch den symbolischen Gehalt des Geldes und durch die unbewusste Botschaft des Vaters ausgelöst. Schwere Geschwisterrivalitäten verdanken sich nicht selten solchen verdeckten Ungerechtigkeiten, da Geld einen Maßstab zur Abschätzung des eigenen Wertes im Ansehen und in der Zuneigung des Vaters darstellt.[40] Deshalb gehört es zu den lästigen Pflichten jedes Vaters, seine Geldzuwendungen an die Geschwister grob zu bilanzieren. Solche Bilanzen liegen nicht nur im Interesse der Kinder, sondern nützen auch der besseren Kontrolle über eigene unbewusste Motive und Gefühlseinstellungen.

Die Kehrseite der übertriebenen Großzügigkeit ist eine zwanghafte Sparsamkeit, die bis zum Geiz reichen kann. Nach psychologischer Erfahrung ist die materiell nicht zu begründende Zurückhaltung von Geld und Geschenken fast immer mit Gefühlsblockaden verbunden, bei denen mit spontaner Herzlichkeit, Bestätigung und Freude »gegeizt« wird. Solche Väter können ihre Liebe zu den Kindern nur »sparsam« ausdrücken. Sie halten sie gleichermaßen materiell wie emotional kurz, worunter die gefühlsmäßige Bindung leidet. Eine besondere Variante ist nach langjährigen therapeutischen Erfahrungen der Sparzwang von Familien im Zusammenhang mit der Erreichung kostspieliger Ziele. Zum Beispiel machen der Bau oder die Anschaffung eines Eigenheimes oft langjährige, von Streit und Konflikten durchsetzte Sparmaßnahmen notwendig, unter denen Kinder erheblich leiden können. Neben dem materiellen Verzicht erlauben die permanenten Anstrengungen des Vaters in dieser Zeit kaum eine ausreichende Beschäftigung mit den Kindern. Der doppelte Mangel an Geld und Emotionalität fällt häufig in einen Entwicklungszeitraum, in dem die Kinder die gefühlsmäßige Präsenz des Vaters besonders brauchen. Hier stellt sich oft die schwierige Frage nach der Priorität zwischen den Besitzwünschen der Partner und der von Geldsorgen freien und väterlich mehr unterstützten Entfaltung der Kinder.

Im Zusammenhang mit der symbolischen Bedeutung des Geldes ist auch das Schicksal von Kindern zu bedenken, deren Väter nicht über den durchschnittlichen oder gar gehobenen Wohlstand verfügen. Sie erleben Armut nicht nur als materielle Not, sondern im Vergleich mit anderen Kindern ihres sozialen Umfeldes auch als emotionale Benachteiligung. Die daraus abgeleitete Enttäuschungswut richtet sich in erster Linie gegen die Väter. Ihr »Versagen« als Repräsentanten der Macht und des Geldes verhindert notwendige Identifikationen und führt zu ihrer Abwertung und Verachtung. Armut verzeihen Kinder ihren Vätern nur selten. Der familiäre und soziale Sprengstoff, der daraus erwächst, wird in seiner sozialpsychologischen Dimension immer stärker erkannt, wie die lebhaften Diskussionen über die »Neue Armut« und die »Zweidrittelgesellschaft« zeigen.

Armut ist eine Hypothek, die nicht nur den Kindern aufgelastet wird; die Väter sind noch ungleich härter von ihr betroffen. Der Verzicht auf Kaufkraft und Wohlstand wiegt für sie leicht gegen den Verlust an Macht, Selbstvertrauen, Identität und Ansehen sowohl in der Familie als auch im sozialen Umfeld. In unserer Gesellschaft als Vater arm zu sein, ist materielle, emotionale und kommunikative Katastrophe in einem. Ein armer Vater in unserer Zeit wird häufig zum ungeliebten Vater.

Die facettenreiche Macht des Geldes verwandelt sich nicht zuletzt in eine bestürzende Realität, wenn das Familiensystem zerbricht. Es gibt noch immer zu wenig geglückte Scheidungsverläufe, in denen von beiden Partnern die Frage des Geldes einvernehmlich gelöst wird. Weit mehr verbreitet ist der Streit ums Geld ohne Rücksicht auf Verluste, insbesondere ohne

Rücksicht auf die Interessen der Kinder. In den meisten Fällen geht es dabei aus nahe liegenden Gründen zunächst um den materiellen Lebenserhalt der Restfamilie. Neuere Statistiken kommen diesbezüglich zu einer skandalösen Bilanz: Ein Drittel aller Kinder unter zwölf Jahren, das sind zirka eine halbe Million Kinder in der Bundesrepublik Deutschland, die in einer Trennungssituation leben, bekommen keinen Unterhalt durch den unterhaltspflichtigen Elternteil, ganz überwiegend die Väter. Für sie zahlt der Ersatzvater Staat jährlich knapp 0,8 Milliarden Euro, mit steigender Tendenz. Nach Schätzungen des Familienministeriums sind allerdings nur ein Drittel der Schuldner echte »Unterhaltsentzieher«; zwei Drittel sind durch Neuverheiratung und weitere Kinder, durch Arbeitslosigkeit, Niedrigeinkommen oder Sozialhilfestatus zahlungsunfähig.[41]

Solche Statistiken sind hart und erlauben keine Beschönigung. Aber sie lassen auch nach der psychologischen Seite des Problems fragen. Sind alle diese Väter tatsächlich, wie ihnen nachgesagt wird, charakterlose Egoisten, die, vielleicht bestätigt durch die Versorgungsmentalität in unserem Sozialstaat, alle Verantwortung für ihre Kinder aufkündigen und an die Finanzkassen der Behörden delegieren? Solche Väter stehen für keine wissenschaftliche Untersuchung zur Verfügung. Insofern erlaubt die Frage keine verlässliche Antwort. Aber die bisherigen Überlegungen zur Rolle des Geldes lassen zumindest die Vermutung zu, dass bei vielen von ihnen der zunächst rein materiell erscheinende Grund der Zahlungsverweigerung durch zahlreiche psychologische Motive überlagert wird. Deren Hintergründe ließen sich bei der Vielzahl der Möglichkeiten nur im Einzelfall klären. Die Rache für Verlassenwerden oder für die Verweigerung des Besuchsrechts bei den Kindern, Eifersucht auf einen neuen Partner der Frau, Verzweiflung über den Verlust der Kinder, eine Selbstwertkrise im Zusammenhang mit der Zerstörung des Vater-Ideals oder Flucht oder totaler Kontaktabbruch nach der Erfahrung des Scheiterns an der Vaterrolle sind nur einige Gründe, unter denen das Geld zur realen wie symbolischen Waffe werden kann, um den Verlust an wechselseitiger Liebe und Zusammengehörigkeit auszugleichen. Solche seelischen Enttäuschungen rechtfertigen keineswegs das beschriebene Verhalten. Aber ihre Berücksichtigung könnte in vielen Fällen sicher helfen, neue Brücken zu bauen, wo die einseitige Schuldzuschreibung und Verdammung die betroffenen Väter nur noch weiter in die Isolation und Verweigerung treibt. Das entrechtete und entwürdigende Schicksal, ein »Zahlvater« zu sein, der sein Kind vielleicht nur kurze Zeit oder noch nie gesehen hat, stellt eine Kränkung der männlichen Gesamtidentität dar, die nicht ohne Folgen bleiben kann.

X.
Vaterschicksale
nach der Scheidung

Die »Zahlungsunwilligkeit« vieler Väter, mit der das letzte Kapitel abschloss, gehört durch seine materiellen Auswirkungen sicher zu den gravierendsten Problemen im Zusammenhang mit Scheidungsfolgen. Das Thema Scheidung wird hier gesondert aufgegriffen, weil ohne seine Berücksichtigung eine Darstellung über Väter in unserer Zeit kaum mehr möglich ist. Trennungen und Scheidungen sind durch die Umbrüche in der Familie in den letzten drei Jahrzehnten und die zahlreichen Alternativen zur Neugestaltung familienähnlicher Gemeinschaften zu einem Alltagsphänomen geworden. In ihm drückt sich die Kehrseite eines Gesellschaftsprozesses aus, bei dem der kollektive Drang zur Selbstverwirklichung und Individualisierung die moralische Struktur tradierter Loyalitätsbindungen an die Familie immer leichter zerbricht. Was früher als persönliche Schuld gebrandmarkt wurde, hat sich heute zu einer Zeiterscheinung ausgeweitet, die eine neue Wertung verlangt. Versuche dazu stammen von Soziologen, Psychologen, Familientherapeuten, Kirchenvertretern, Juristen und Gesetzgebern.

Es kann hier nicht der Ort sein, den interdisziplinären Diskussionsstand auch nur in Ansätzen referieren zu wollen. Ich nehme das Scheidungsthema aber auf, weil bei einem Überblick über die Literatur deutlich wird, wie wenig in ihr die psychische Realität des Vaters nach einem Trennungsverlust berücksichtigt wird. Sowohl im wissenschaftlichen wie im öffentlichen Diskurs stehen die seelische Situation der Mütter und das Leiden der Kinder nach einer Scheidung weit im Vordergrund. Fthenakis leitet das Kapitel »Nichtsorgeberechtigte Väter« in seinem Handbuch »Väter« mit folgendem Absatz ein:

»Die Scheidungsforschung stellt bis heute die so genannte Restfamilie, bestehend aus dem sorgeberechtigten Elternteil und den Kindern, in den Mittelpunkt ihrer Betrachtung. Der nichtsorgeberechtigte Elternteil wird als nicht mehr zur Familie gehörig angesehen und erfährt nur dann Beachtung, wenn er etwa seinen Unterhaltszahlungen nicht nachkommt oder sein Umgangsrecht strittig wird. Er wird eher als störender Faktor angesehen denn als Elternteil, der auch nach einer Scheidung weiterhin Verantwortung trägt. Wie schon gezeigt, wird in über 87 % der unstrittigen Scheidungsfälle und zu 75–85 % in strittigen Fällen der Vater zum nichtsorgeberechtigten Elternteil. Nachdem die Bedeutung des Vaters für die Entwicklung der Kinder lange Zeit nicht angemessen beachtet wurde, ist es immer noch leicht, gerade ihn als nichtsorgeberechtigten Elternteil völlig zu übersehen oder ihn im Falle von Konflikten auszuschalten. So werden immer mehr Kinder von ihren Vätern und Väter von ihren Kindern getrennt, ohne das beide dies wollen. Erst in jüngster Zeit beginnt sich die Ansicht durchzusetzen, dass sich die familiären Beziehungen in der Nachscheidungssituation zwar verändern, aber nicht aufhören zu bestehen, und dass es durchaus im Sinne des Kindeswohls ist, diese Beziehungen für das Kind zu erhalten und zu schützen.«[42]

Sein folgender Überblick über die Literatur verdeutlicht, dass die wenigen bisher vorliegenden Untersuchungen zu dieser Thematik lediglich äußere Verhaltensmerkmale von Vätern nach der Scheidung erfassen wie den Umgang mit Unterhaltszahlungen, die Wahrnehmung des Besuchsrechts, Pflege und Erziehung der Kinder, Kontaktformen mit der geschiedenen Frau, Erfahrungen mit einer Zweitfamilie, ob des Vaters selbst oder der leiblichen Mutter, sowie die Formen des Rückzugs von der Ursprungsfamilie. Die Mehrzahl der Untersuchungen ist dabei ausschließlich an Fragen des Wohles der Kinder orientiert; die psychischen Reaktionen des Vaters auf das Scheidungstrauma und der Verarbeitungsprozess sind bisher kein Thema der Forschung.

Wie der Überblick von Fthenakis zeigt, sind die äußeren Verhaltensmerkmale oft in starkem Maße von der sozialen Schichtzugehörigkeit der Väter, von ihrem nationalen Kulturkreis und den dort gültigen Gesetzgebungen und dem jeweiligen Zeitgeist abhängig. Entsprechend unterliegen sie einem ständigen Wandel, sodass sich aus den vorliegenden Befunden kein einheitliches Bild gewinnen lässt. Dies gilt in besonderer Weise bei jedem Versuch, Aussagen zur psychischen Situation von Scheidungsvätern zu machen. Dass sie bisher kaum untersucht sind, hängt sicher nur zu einem Teil mit einem mangelnden Forschungsinteresse zusammen; die methodischen Probleme zur Erfassung der seelischen Konflikte an repräsentativen Stichproben von Scheidungsvätern werden die zukünftige Forschung noch lange beschäftigen. Diese Einschränkungen sind zu bedenken, wenn ich im Folgenden dennoch den Versuch machen möchte, einige psychologische Zusammenhänge darzustellen, die nach meiner Einschätzung eine gewisse Verallgemeinerung erlauben.

Zunächst lassen sich fünf Variablen unterscheiden, die die seelischen Reaktionen des Vaters nach der Scheidung maßgeblich beeinflussen. Die erste Variable stellt die Struktur des Vaters selbst dar, wobei Faktoren wie psychische und soziale Stabilität, Verantwortungsbewusstsein, Kontakt- und Bindungsfähigkeit, Konflikttoleranz und Verlässlichkeit für die Bewältigung des Trennungstraumas zu den wichtigsten zählen. Die zweite Variable betrifft die entsprechende psychische Disposition der Mutter. Von ihr hängt es ab, wie sie die Scheidung verarbeitet und den Kontakt zu ihrem geschiedenen Mann gestaltet und ob sie die weitere Beziehung zwischen den Kindern und dem Vater fördert oder eher behindert. Die dritte wichtige Variable stellen die Kinder dar. Ihre Reaktion auf die Trennung, ihr Alter, ihre psychische Reife, ihre Entscheidungsfähigkeit und der Charakter der früheren Bindung an den Vater bestimmen darüber, in welcher Form sie freiwillig den Kontakt zu ihm aufrechterhalten wollen.

Eine vierte, nicht unbedeutende Variable ist der Faktor Zeit. Der Scheidungsprozess läuft in der Regel in verschiedenen Phasen ab. Für seine Bewältigung benötigt jeder der Beteiligten eine unterschiedlich lange Zeit. Häufig wird dieser Faktor nicht ausreichend bedacht. Dann versuchen der eine oder beide Partner, schnelle Lösungen, zum Beispiel für die Besuchs- und Ferienregelungen, den Finanzierungsmodus

u. a., zu erzwingen. Dadurch werden die Widerstände zwangsläufig verstärkt und konstruktive Lösungen unnötig lange verzögert. Das Vertrauen darauf, dass »die Zeit Wunden heilt«, und das geduldige Warten auf kommende günstige Entwicklungen sind die besten Ratgeber für eine heilsame Zukunft.

Ein häufiges Phänomen in diesem Zusammenhang ist die Angst vieler Väter, besonders von kleinen Kindern, dass sie diese für immer verlieren könnten, wenn der Kontakt mit ihnen für längere Zeit unterbrochen wird. Ihnen fehlt das sichere Gefühl, dass Kinder ihre Väter innerlich niemals aufgeben und den Kontakt auch äußerlich wiederherstellen, wenn sie mit zunehmendem Alter und wachsender Unabhängigkeit von der Mutter ihre diesbezüglichen Wünsche eindeutig artikulieren und selbstständig durchsetzen können. Wie wir an früherer Stelle gesehen haben, kann die Erfahrung, den fast schon verloren geglaubten Vater zurückzugewinnen und eine neue Beziehung mit ihm aufzubauen, frühe Defizite ausgleichen. Väter, die zu früh aufgeben, sich gekränkt zurückziehen, ihr Interesse durch Desinteresse tarnen und den fehlenden äußeren Kontakt nicht wenigstens durch gelegentliche Telefonate, Postkarten, Briefe oder durch Geburtstags- und Weihnachtsgeschenke überbrücken, verspielen oft auf tragische Weise die Chancen einer Wiederannäherung und verewigen dadurch für alle das Leiden unter dem Verlust. Denn auch Kinder verlieren, unabhängig davon, wie stark der Vater verinnerlicht wurde und die Sehnsucht nach ihm bestehen bleibt, auf Dauer das Vertrauen und das Interesse an einem Mann, der ihre Hoffnungen endgültig enttäuscht hat und der ihnen fremd geworden ist.

Schließlich ist noch eine fünfte Variable zu berücksichtigen, die Frage nämlich, wer von beiden Partnern den Stein zur Trennung ins Rollen gebracht hat. Dieser Umstand ist nicht gleichbedeutend mit der statistischen Angabe, dass zwei Drittel aller Scheidungen heute von Frauen eingereicht werden. Diese Zahl erfasst nur einen juristischen Tatbestand. Die Statistik sagt nichts darüber aus, wie viele Männer sich zum Beispiel durch permanente Untreue während der Ehe oder durch Auszug aus der Familie getrennt haben, lange bevor sich die Frau zur Scheidung entschließt. Neben groben Verletzungen der ehelichen Bindung gibt es zahlreiche subtile Formen der Trennung, ob bewusst oder unbewusst, die eine Ehe oder Partnerschaft auf Dauer zerrütten können. In diesen Fällen ist häufig die Frage schwer zu entscheiden, wer letztlich für die Trennung verantwortlich ist. Die Unentwirrbarkeit der Kollusion ist meist das Ergebnis zahlreicher Konflikte und wechselseitiger Beziehungsabbrüche, die schließlich zur Entzweiung führen. In solchen Situationen können sich Frauen heute leichter zur Scheidung entschließen. Auf einige Gründe wurde bereits an früherer Stelle hingewiesen. Letztlich muss die Frage, wer die entscheidenden Weichen zur Trennung gestellt hat, meistens offen bleiben, weil beide Partner ihren Anteil am Scheitern des Systems beigetragen haben. Ausschlaggebend für die hier diskutierte Variable ist das subjektive Gefühl der Partner, entweder der Verlassene oder der Verlassende zu sein. Auch wenn keinesfalls sicher ist, ob der Verlassene langfristig tatsächlich mit einer höheren Hypothek an Leid belastet bleibt, da die weiteren biografischen Lebensverläufe des getrennten Paares zu diesem Zeitpunkt völlig offen sind, macht es in der akuten Trennungssituation einen erheblichen Unterschied, zu welcher der beiden Gruppen man sich zählt.

Die fünf Variablen greifen in ihren Auswirkungen auf die seelische Situation des Vaters eng ineinander. Dies umso mehr, als bei einer Scheidung die Familie in veränderter Form und in gegenseitiger Abhängigkeit bestehen bleibt. Selbst wenn jede Verbindung für immer gekappt wurde, ist der Vater in seinem Selbstbild weiter an seine Vergangenheit geschmiedet und die inneren Bilder verfolgen ihn in seinen Erinnerungen. So existiert er auch in den Köpfen und Seelen seiner Kinder und seiner Frau als verinnerlichtes Objekt weiter.

Wie lassen sich auf der Basis eines breiten Erfahrungswissens die psychischen Reaktionen eines Scheidungsvaters beschreiben? Viele therapeutische und außertherapeutische Beobachtungen legen die Vermutung nahe, dass für viele geschiedene Väter ein Gefühl in besonderer Weise für ihr inneres Gleichgewicht und ihr weiteres Leben bestimmend wird – das Gefühl des Scheiterns. Ob sie es verdrängen, verleugnen oder bewusst erleben, immer scheint sie dieses Gefühl zu verfolgen. Es färbt Stimmungen, Träume und zukünftiges Erleben von Glück, Leidenschaft, Liebe, Begeisterung und Erfolg mit graugetönten Farben. Warum? Scheitern ist die Folge einer nicht eingelösten Verantwortung. An früherer Stelle konnten wir die Verantwortung als einen Hauptbestandteil väterlicher Identität ausmachen. Es gibt verschiedene Verantwortungsbereiche, ob in der Partnerschaft, im Beruf oder in Freundschaften. Für den Vater, so lautete die These, gibt es keine wichtigere Verantwortung als die Behütung seiner Kinder. Im Unterschied zu allen anderen Verantwortlichkeiten bleibt sie unkündbar, da sie einen integralen Bestandteil des Vater-Ideals darstellt. Väterliche Verantwortung und Vater-Ideal bilden eine Einheit; sie etablieren sich als psychische Instanzen zeitlich parallel mit der Geburt des ersten Kindes und runden die männliche Identitätsbildung zur Ganzheit ab. So theoretisch dies klingt, so einleuchtend erscheint es uns, wenn wir das Gefühl des Scheiterns verstehen wollen. Das Scheitern an einer Aufgabe fällt in den Zuständigkeitsbereich des Ich, das sich als unfähig erwiesen hat, einen Konflikt zwischen widerstreitenden Interessen angemessen zu lösen. Damit ist es seiner Verantwortung nicht gerecht geworden. Dieses Versagen bedeutet aber gleichzeitig eine schwere Verletzung des Selbstgefühls, da es den Idealen des Ich widerspricht, an einer Aufgabe zu scheitern, die für die Selbstwertregulierung entscheidend ist.

Für den Vater, der seine zentrale Verantwortung nicht eingelöst hat und an seiner Aufgabe gescheitert ist, bedeutet daher sein Versagen in erster Linie eine tiefe Verletzung seiner Selbst. Dadurch, dass er sein Vater-Ideal verraten hat, zerstört er sein eigenes Selbstkonzept. Dieser innerseelische Vorgang nun produziert schwerste Gefühle der Scham. Erst jetzt wird deutlich, warum das Gefühl des Scheiterns für Scheidungsväter ein solches zentrales Gewicht bekommen kann: Durch den

Verrat am eigenen Vater-Ideal und das Versagen des eigenen Ich wird das Selbstgefühl von tiefer Scham überflutet. Und da der angerichtete Schaden nicht wieder gutzumachen ist, wird die Scham zum lebenslangen Verfolger.

Aber, so könnte man erstaunt fragen, wo bleibt das Schuldgefühl? Ist es nicht in erster Linie das Schuldgefühl, das Väter (und Mütter) nach der Scheidung umtreibt? Das Schuldgefühl entsteht, wie wir wissen, aus dem Über-Ich. Unser Gewissen bestraft uns für das Unrecht, das wir an anderen begangen haben. Hier genau liegt der entscheidende Unterschied. Der Vater, der sich von seinen Kindern trennt und damit seine Loyalitätsverpflichtungen verletzt, fügt ihnen ein Unrecht zu, für das er mit Schuldgefühlen bestraft wird. Der Verrat an seinem eigenen Selbst dagegen erfüllt ihn mit Scham. Die psychologische Erkenntnis, dass die Schädigung anderer Schuld, das Versagen an sich selbst aber Scham auslöst, ist in dieser pointierten Form noch nicht sehr alt und konnte erst durch die tiefere Erforschung des Narzissmus differenziert werden. Die Unterscheidung ist von großer Relevanz für das Verständnis vieler psychologischer Phänomene im Zusammenhang mit inneren und äußeren Konflikten.[43]

Für den Scheidungsvater zum Beispiel mündet der doppelte Verrat an den Kindern und an sich selbst in einen schweren Schuld-Scham-Komplex. Dabei maskiert sich die Scham oft als Schuld, weil sie wegen ihrer narzisstischen Herkunft eine tiefe Kränkung ausdrückt, die weit belastender ist als die Schuld. Deswegen habe ich das Gefühl des Scheiterns bei den psychischen Reaktionen auf das Trennungstrauma hier vorangestellt, da seine Herkunft aus der Selbst-Verletzung und der damit verbundenen Scham mit mehr Schmerz verbunden ist als das Schuldgefühl. Dessen Entstehung im Rahmen von Trennungskonflikten ist so verständlich und einleuchtend, dass sie hier nicht weiter begründet werden muss.

Zur Illustration der theoretischen Zusammenhänge mögen einige Begriffe, Bilder und Fantasien dienen, die Väter häufig zur Beschreibung ihrer Gefühle nach der Trennung von der Familie wählen, und zwar unabhängig von dem zeitlichen Abstand und von der Frage, ob sie ihre Kinder weiterhin regelmäßig sehen. Zunächst einige Formulierungen, die die Entwertung und Zerstörung des Selbstgefühls betreffen: »Etwas ist in mir für immer zerbrochen; in mir ist ein tiefes Loch; eine absolute Leere; als wenn eine Feder gesprungen wäre; es hat mich verändert; ich bin nicht mehr ich selbst; die Leute sehen mir an, dass ich geschieden bin; ich kann mich nirgendwo mehr blicken lassen; habe Angst, verheirateten Paaren zu begegnen; wenn mich jemand auf die Kinder anspricht, könnte ich vor Scham im Boden versinken; etwas nagt ständig an meinem Selbstbewusstsein; meine Sicherheit hat einen schweren Knacks bekommen; ich fühle mich als Versager; der frühere Stolz auf meine Kinder hat sich in nichts aufgelöst; ich bin nichts mehr wert; der Gedanke an meine Kinder frisst mich auf; manchmal bin ich dem Selbstmord nahe.«

Alle diese Gefühle umschreiben den Zusammenbruch des Selbstwertsystems; das Vater-Ideal ist der Zerstörung des Selbst zum Opfer gefallen. Die narzisstischen Kränkungen hinterlassen dauerhafte Wunden und überfluten die gesamte Person mit Affekten der Scham. Die Katastrophe der Scheidung wirkt sich am stärksten als Katastrophe für das Gleichgewicht des eigenen Selbst aus. In diesem Zusammenhang ist an die sprachliche Herkunft des Begriffes Scheitern zu erinnern. Er leitet sich von dem Substantiv »Scheit« ab und bedeutet »in Stücke gehen« und im übertragenen Sinn »Schiffbruch erleiden«. Damit bezeichnet der Begriff sehr plastisch, was in der Fachsprache »Fraktionierung« genannt wird. Sie bezieht sich auf den Zustand des Selbst, das unter dem Anprall schwerer narzisstischer Traumata auseinanderbricht, »in Stücke geht«.

Schuldgefühle dagegen werden anders formuliert: »Ich fühle mich ständig schuldig; was ich meinen Kindern angetan habe, ist nicht wieder gutzumachen; ich denke immer an die Kinder und wie sie es verkraften; wenn ich nur wüsste, wie ich ihnen ihre Situation erleichtern kann; kann man solche Schuld jemals ausgleichen? Es liegt wie ein Felsbrocken auf mir; mein Gewissen lässt mir keine Ruhe mehr; ob meine Kinder mir jemals verzeihen werden? Ich habe sie oft um Entschuldigung gebeten; ich fühle mich von allen verurteilt; komme mir wie ein Gesetzesbrecher vor; ich quäle mich mit der Frage, ob es nicht doch eine bessere Lösung gegeben hätte; es tut mir Leid.«

Das Schuldgefühl betrifft den Verrat, den man an den Kindern begangen hat. Für diese Schuld muss man büßen. Das Gewissen ist unnachgiebig. Aber sosehr das Über-Ich einen auch verfolgen und quälen mag, die Macht der Erinnyen ist vor dem Einspruch des Ich nie sicher. Dieses sucht nach Argumenten, Erklärungen, Entschuldigungen, sinnt auf Wege der Sühne, Versöhnung und Wiedergutmachung und entkräftet das Gewissen durch die Vernunft, die zumindest eine gerechtere Verteilung der Schuld aushandeln kann. Ohne den ewigen Stachel des Selbstzweifels und der Scham würden das Über-Ich und das Schuldgefühl auf Dauer an Kraft verlieren. So aber bilden sie eine verhängnisvolle Koalition, deren Einfluss das weitere Leben überschattet und ein dauerhaftes Gefühl der Entwurzelung und Einsamkeit hinterlassen kann.

Die Gefühle des Scheiterns, der Scham und der Schuld bilden nur einen Teil der inneren Kämpfe und Konflikte des Vaters nach der Scheidung. Der Trennungsprozess selbst löst in der Regel verschiedene Erlebnisphasen aus, die schrittweise bewältigt werden müssen: die Phase des Protestes, die Phase der Verzweiflung und des Trennungsschmerzes und die Phase der Depression. Auf diese Phase folgt ein längerer Trauerprozess, der für die Verarbeitung des Scheidungsschicksals notwendig ist, bevor eine innere Versöhnung mit den wechselseitig zugefügten Verletzungen und ein anschließender Neubeginn möglich wird. Alle diese seelischen Vorgänge habe ich für beide Partner und die Kinder ausführlich in einem früheren Buch untersucht, sodass ich sie in diesem Zusammenhang nicht erneut darstellen möchte.[44]

Neben den inneren Reaktionen auf das Scheidungstrauma steht der getrennte Vater äußeren Belastungen gegenüber, von denen ich hier nur diejenigen kurz skizziere, die seine Vaterrolle unmittelbar betreffen.

Seine Kinder reagieren auf die Scheidung nicht nur mit Trennungsschmerz, Verlassenheitsängsten und Trauer, sondern als Gegenwehr zur Erhaltung ihres eigenen Gleichgewichts auch mit Gefühlen der Wut und mit Äußerungsformen der Rache. Nachdem der Vater, schuldhaft und berechtigt oder nicht, seine Autorität vor den Kindern verloren hat und sein Ansehen in den Nachscheidungskämpfen von der Mutter häufig noch weiter demontiert wird, kehrt sich seine ursprüngliche Stärke in Schwäche um. In Verbindung mit seinen Schuld- und Schamgefühlen liefert sie ihn einem Zustand der Verletzlichkeit aus, die ihn gegen Angriffe jeder Art durch die Kinder immer wehrloser machen kann. Ihre Rache unterminiert sein ohnedies geschwächtes Selbstgefühl und seine Selbstachtung zusätzlich. Sie ahnen, dass er nach Möglichkeit Versagungen, Härte und Strenge vermeiden will, um ihnen keinen weiteren Schaden zuzufügen und seine Wiedergutmachungsschuld einzulösen. Die häufig beklagte Verwöhnung der Kinder durch Scheidungsväter rührt aus dieser widerspruchsreichen Konfliktsituation. Sie macht viele Väter für überzogene Liebesbeweise erpressbar und fordert von ihnen Verständnis und Verzeihung, wo klare Abgrenzungen gefragt wären. Innere Verstrickung und äußere Belagerung machen den Vater zu einem Gefangenen seiner selbst und seiner Kinder – ein Zustand, der eine gewaltsame Sprengung der Fesseln geradezu vorprogrammiert. Die explosionsartige Entladung als Ungerechtigkeit, brennende Wut, körperliche Gewalt oder Flucht sind bei längerer Dauer der Konflikte verbreiteter als die masochistische Einigelung und das stumme Erdulden, weil sie männlichen Aktions- und Aggressionsbedürfnissen mehr entsprechen. Besonders wenn das Drama des eigenen Scheiterns durch das fantasierte, befürchtete oder gar reale soziale Scheitern der Kinder summiert wird, droht der väterliche Kontrollverlust. So kontraproduktiv er sich für eine Lösung der Beziehungskonflikte auswirkt, so sinnvoll kann er für den eigenen Selbst-Rettungsversuch sein, um der Entgrenzung und endgültigen inneren Selbstzerstörung zu entgehen.[45]

172

Es muss hier nicht ausdrücklich betont werden, dass Kinder, besonders im jungen Alter, ihre Vergeltungsaggression nicht bewusst inszenieren; der tyrannische Anteil ihrer Natur bleibt ihnen meist verborgen. Dadurch entgeht ihnen aber oftmals das Gefühl für die Grenzen väterlicher Belastbarkeit. Auch reagieren nicht alle Kinder mit Rache. Viele entwickeln im Gegenteil ein ausgeprägtes Mitleid, Sorge und Mitgefühl für den getrennten Vater und versuchen, ihn zu schonen, wo immer es in ihrer Macht steht. Wichtige Voraussetzung dafür ist eine zärtliche und verlässliche Vaterbindung vor der Trennung. Kinder reagieren in dieser Weise besonders in Situationen, in denen die verlassene und verletzte Mutter ihren Hass an dem Vater unnachgiebig auslebt und ihn als Entschädigung für ihr Leid auszubeuten versucht. In solchen Fällen können sich Kinder heimlich mit dem Vater verbünden. Im Einzelfall ist oft schwer zu entscheiden, wodurch das Kind mehr belastet wird, ob durch seine Wildheit oder seine versöhnliche Milde. Denn in jedem Fall gerät es in einen schweren Loyalitätskonflikt einem der beiden Elternteile gegenüber und begeht dabei einen Verrat, der bei dem Kind zu heftigen Schuldgefühlen führt.

Fasst man die seelischen Reaktionen des Vaters auf Scheidung und Trennung zusammen, so stellen die Trauer über den Verlust der Kinder und des eigenen Vater-Ideals, das Gefühl des eigenen Scheiterns und die damit verbundene Scham und das Schuldgefühl über das Unrecht an den Kindern, ihr Leiden und ihre Rache die wohl wichtigsten Ursachen für sein Leiden dar. Hinzu kam in früherer Zeit allgemein, heute noch vereinzelt, die soziale Ächtung. Wie bereits ausführlich erörtert, gehören der Aufbau, der Schutz und der Erhalt der Familie nicht nur zu einem persönlichen, sondern auch gesellschaftlich verinnerlichten Auftrag des Mannes. Die weitgehende Akzeptanz von Trennungen und Scheidungen in unserer Zeit täuscht darüber hinweg, dass in vielen Gesellschaftsgruppen noch starke Ressentiments gegen diese Entwicklung bestehen. Gerade in Zeiten des Zerfalls der Familie bekommt der Status »verheiratet« wieder einen höheren Kurs. Aber wichtiger als die möglichen äußeren Sanktionen sind die inneren Reaktionen des Scheidungsvaters auf den gesellschaftlichen Erwartungsdruck. Seine Scham- und Schuldgefühle erzeugen soziale Ängste und irrationale Projektionen, wegen seines Scheiterns auch im sozialen Umfeld nicht mehr akzeptiert zu werden. Nahrung erhalten solche Fantasien durch die Tatsache, dass mit jeder Scheidung ein mehr oder weniger großer Verlust des bisherigen Freundes- und Bekanntenkreises verbunden ist. Auch wenn dieser durch die grundlegend veränderte Lebenssituation beider Partner objektiv begründet ist, so kann er doch die Selbstzweifel und Selbstanklagen vertiefen. Außerdem bedeutet der Verlust, nachdem schon die Familie entfallen ist, eine oft schmerzhafte Einbuße des bisherigen sozial unterstützenden Umfeldes.

Abgesehen von den Fällen, in denen schon vor der Trennung eine außereheliche Beziehung bestand, die oft den Scheidungsgrund bildet, häufen sich in der Gegenwart die Situationen, in denen Väter mit ihrem plötzlichen Alleinsein konfrontiert sind. Ihre oft schnelle Flucht in neue Partnerschaften entspringt nicht nur dem Versuch zu einer emotionalen und sexuellen Bindung, häufig gekoppelt mit regressiven Rettungsfantasien, sondern dient auch der Wiederherstellung eines sozialen Umfeldes gegen die Vereinsamung. Für Männer, denen aus unterschiedlichen Gründen auch dieser Weg versperrt ist und die oft lange partnerlos leben, ist ein Beruf, der genügend libidinös besetzt ist und der das Selbst mit ausreichender Befriedigung gratifiziert, der letzte Anker, um einer Katastrophe zu entgehen. Sollte auch dieser nicht mehr halten, was unter der Bedingung einer stark entfremdeten Arbeit oder in Zeiten wachsender Arbeitslosigkeit zu befürchten ist, stürzen auch die letzten Fassaden zusammen, es gibt keine Masken mehr, hinter denen sich der Zusammenbruch des Selbst verbergen kann.

Dieses Szenario schlägt sich im öffentlichen Diskurs meist nur in dürren statistischen Zahlen nieder, die nichts von den psychischen Dimensionen ahnen lassen, die sich in all ihrer Verzweiflung, Ratlosigkeit, Einsamkeit, Verwirrung und Ohnmacht hinter ihnen auftürmen.

Aber die Zahl der Väter wächst, die mit dem hier beschriebenen Schicksal nach der Scheidung konfrontiert sind. Dabei sind zwei Entwicklungen besonders bedenklich. Erstens werden laut Statistik Ehen heute früher geschieden als in der Vergangenheit. Die betroffenen Kinder erleben daher die Trennung der Eltern in einem jüngeren Alter, oft kurz nach der Geburt oder noch als Kleinkinder. Dieser Trend fällt in eine Zeit, in der objektiv die Bedeutung des Vaters für die frühen Entwicklungsjahre stärker erkannt wird und in der subjektiv auch mehr Väter ihre Verantwortung schon ab der Geburt der Kinder begreifen und sich entsprechend emotional und aktiv engagieren. Bei Trennungen wirken sich diese Widersprüche nicht nur für die Kinder, sondern auch für die Väter immer belastender aus. Die Kinder müssen den Vater oftmals bereits in der Triangulierungsphase vermissen, deren vielfältige Funktionen ausführlich erörtert wurden. Dadurch können sie nur ein stark gespaltenes Vaterbild in sich errichten, das positive Identifizierungen außerordentlich erschwert. Für die Scheidungsväter vermehren sich die beschriebenen seelischen Spannungen in dem Maße, wie ihr Bewusstsein über die wichtigen Aufgaben ihrer frühen Vaterrolle zunimmt.

Die zweite bedenkliche Entwicklung betrifft die steigende Zahl nichtehelicher Väter im Rahmen alternativer Familienformen. Im Fall der Trennung sind sie zu einem absolut rechtlosen Zustand verurteilt. Wenn die Entscheidung dazu von der Mutter ausgeht, was mit steigender Tendenz zu beobachten ist, erleben diese Väter noch schmerzlicher als die aus einer ehelichen Gemeinschaft die Ausgrenzung aus dem sozialen Verband als definitive Absage an ihre Vaterschaft. Ihre väterliche Identität zerrinnt in ein scheinbares Nichts, wodurch auch ihre gesamte soziale Identität einen schweren Einbruch erleidet. Andererseits begünstigt der Status des nichtehelichen Vaters dessen Willkür und mangelndes Verantwortungsbewusstsein. Er kann sich jederzeit aus dem Staub machen, ohne nach den Folgen zu fragen. Diese Väter dürften auch für den eingangs geschilderten Skandal der »Zahlungsunwilligkeit« entscheidend mitverantwortlich sein. Keiner kennt ihre Motive, keiner hat ein Bild über sie als Gesamtgruppe; aber dass es sie gibt, ist leider kein Gerücht. Soweit sie in psychiatrischen Einrichtungen oder in der psychotherapeutischen Praxis auftauchen, verbergen sich hinter ihrem scheinbar unverständlichen Verhalten der Familie und den Kindern gegenüber meist schreckliche Einzelschicksale, die in eine vielfach traumatisierte Kindheit zurückreichen. Die meisten tarnen sich hinter einer sozial angepassten Fassade. Charakterlosigkeit hat verschiedene Gesichter. Kindern gegenüber tritt sie bei beiden Geschlechtern auf. Diese Erscheinung tendenziell auf die Gesamtheit der Väter zu übertragen, hieße, eine ganze Herde zu schwarzen Schafen zu stempeln, wenn sich einige von diesen in ihr verirrt haben.

Deswegen wurde diese Gruppe von Vätern aus der vorliegenden Studie weitgehend ausgeklammert. Es ging in ihr nicht um die Beschreibung psychopathologischer Einzelfälle, zumal darüber kaum gesicherte Kenntnisse vorliegen, sondern um den Versuch, kollektive Vaterschicksale zu untersuchen, soweit dies bei der Heterogenität der verschiedenen Vatergenerationen und der Gesamtpopulation »Väter« mit einiger Plausibilität und unter Berücksichtigung seines thesenhaften Charakters möglich erschien.

Die Trennungs- und Scheidungsprobleme, die durch die Umbrüche in der Familie entstanden sind, haben die Gesetzgebern wachgerüttelt. Sie beginnen langsam, sich auf die veränderten Strukturen in der Familienlandschaft einzustellen, wie es das »Neue Kindschaftsrecht« von 1998 zeigt. Dabei geht es nicht nur, wie früher ausschließlich, um eine Verbesserung des »Kindeswohls«; gesetzliche Neuregelungen streben auch eine gerechtere Verteilung nicht nur von Pflichten, sondern auch von Rechten beider Elternteile an. In diesen Bemühungen schlägt sich langsam ein Denken in systemischen Zusammenhängen nieder: Das »Kindeswohl« lässt sich nur fördern, wenn die Lage beider Elternteile ausreichend berücksichtigt wird. Damit werden zumindest auf der Gesetzesebene neue Zeichen für eine bessere Kooperation zwischen den getrennten Partnern gesetzt, um die Balance des veränderten

Familiensystems auch nach der Scheidung zu stabilisieren. Das »gemeinsame Sorgerecht«, wie es das neue Gesetz vorschreibt, ob für verheiratete oder unverheiratete Paare, scheint, von groben Ausnahmen abgesehen, für die Zukunft die einzige Perspektive zu sein, um die Konflikte der Scheidungssituation für alle Betroffenen gerechter, verantwortlicher und menschlicher zu lösen.

XI.
Vom Glück des Vaters

Die Väter mit ihren spielenden Kindern am Strand von Marina di Castagneto waren glücklich. Das sah man ihnen an. Ob sie mit ihnen beim Spielen lachten und scherzten, ob sie ruhig mit ihnen in den heranschwappenden Wellen saßen und aufs Meer hinausblickten oder gemeinsam an einer Sandburg bauten – immer wirkten sie gelöst und frei, konzentriert auf das Spiel, das Zusammensein mit dem Kind; die Welt ringsum war ohne Gewicht.

So etwa beschreiben Forscher, die die Entstehung der Gefühle von Glück und Freude untersuchen, Augenblicke oder Zustände von Glück, in denen das Erlebnis der Einheit mit sich oder einem anderen alles ausschließt, was sich störend einmischen könnte.[46]

Das Glück, Vater zu sein. Warum dieses Thema am Ende eines Buches, dem man vielleicht diesen Titel gewünscht hätte? Weil »positives« Denken und Fühlen sich der Kunst der Überredung entziehen. Vater sein heißt nicht in erster Linie glücklich, sondern Mann sein. Was dies bedeutet und wie die Teilidentität als Vater in die Gesamtidentität des Mannes integriert wird und sich in ihr behaupten muss – diesen Prozess in seinen wichtigsten Stufen mit all seinen Hindernissen zu beschreiben, schafft erst die Voraussetzung dafür, über wahres Vaterglück nachdenken zu können. Weiter noch: Wahres Glück als Vater im eben genannten Sinne kann nur erleben, wer sich auch mit den Schattenseiten väterlicher Existenz auseinandersetzt und versöhnt. Diese Schattenseiten verleugnen zu wollen, verstellt den Weg zum Glück.

»Dieses unglaubliche Gefühl von Glück.« So lautete ein Satz zur Einleitung des Kapitels »Väter und Söhne«. Die Geburt eines Kindes als Auslöser dieses Gefühls und gleichzeitig als Beginn der väterlichen Liebe. Diese Liebe, wurde behauptet, werde nie vergehen, was immer auch geschehe. Liebe und Glück als geeintes Paar in der Gefühlsbeziehung zu den Kindern. Auf dem langen Weg, auf dem wir das Vaterschicksal bis hierher verfolgt haben, tauchte es am deutlichsten in den Jahren der frühen Kindheit auf, in denen das Spiel Vater und Kind verbindet. Wenn danach Liebe und Glück weitgehend aus dem Blickfeld geraten sind, hatte dies in erster Linie didaktische Gründe. Die Absicht, Vaterprobleme in ihrer ganzen Tragweite darzustellen und das Bewusstsein für sie zu schärfen, wäre durch den wiederholten Hinweis auf das tragende Element der Liebe in beschwichtigender Form unterlaufen worden. Gerade die Antinomie widerstreitender Kräfte gilt es zu begreifen, ob in der Vater-Kind- oder in anderen Beziehungen, um aus ihnen heilsame Lösungen entwickeln zu können. Ohne das Grundgefühl der Liebe, trotz aller auftretenden Spannungen, würden viele Vater-Kind-Beziehungen zu Bruch gehen, bevor sie in reifer Form entstanden sind.

Andererseits ist es kein Zufall, dass die Glücksgefühle hauptsächlich im Zusammenhang mit dem Vaterwerden und der frühen Spielzeit auftauchten. Peter Handke beschreibt in seiner autobiografischen »Kindergeschichte« den Moment, in dem er seine Tochter nach der Geburt zum ersten Mal sieht: »Der Gedanke des Mannes war: Es ist zufrieden. Es ist gern auf der Welt. Allein die Tatsache Kind, ohne besonderes Kennzeichen, strahlte Heiterkeit aus – die Unschuld war eine Form des Geistes! – und ging wie etwas Diebisches auf den Erwachsenen draußen über, so daß die beiden dort, ein für alle Male, eine verschworene Gruppe bilde. Die Sonne scheint in den Saal, und sie befinden sich auf einer Hügelkuppe. Es war nicht nur Verantwortung, was der Mann bei dem Anblick des Kindes fühlte, sondern auch Lust, es zu verteidigen, und Wildheit: die Empfindung, auf beiden Beinen dazustehen und auf einmal stark geworden zu sein.« Und wenige Zeilen später schreibt er: »Es war die letzte Einheit für lange.«[47]

Für Handke wird die anfängliche Glückserfahrung als Vater

schon bald durch andere Realitäten überschattet – durch Partnerkonflikte, durch die alltagsbestimmende Anwesenheit des Kindes, durch Dissonanzen in der beruflichen Arbeit und Standortschwierigkeiten im Feld gesellschaftlicher und politischer Auseinandersetzungen. Und in einer Offenheit, wie sie bisher kaum ein Autor über sich selbst zuwege gebracht hat, beschreibt er die explosionsartige Entladung der angesammelten Spannungen, die eines Tages aus nichtigem Anlass das Kind trifft: »Und es kam der Tag der Schuld, und die Stunde des Kindes ... Von oben rief wieder und wieder das Kind, welches mit etwas nicht zu Rande kam, und wurde immer dringlicher; schließlich ein Katastrophenton. Da verlor der knietief in dem Nass stehende Erwachsene die Besinnung, stürmte hinauf gleich einem Totschläger und schlug das Kind mit aller Gewalt, so wie er wohl noch nie einen Menschen geschlagen hatte, in das Gesicht. Das Entsetzen des Täters war fast gleichzeitig. Er trug das weinende Kind, selber bitter ermangelnd der Tränen, in den Räumen umher, wo überall die Tore des Gerichts offenstanden, mit den schalltoten Hitzestößen der Posaunen.«[48]

Erst die langsame Verarbeitung dieser Schuld lässt den Autor am Schluss wieder Momente des Glücks erleben. An einem regnerischen Morgen begleitet er die Tochter ein Stück zur Schule. Sie schließt sich anderen Schülern an, und von hinten sieht er »die Metallverschlüsse und Namensschilder der Taschen auf dem Rücken der gehenden Kinder«. Bei diesem Anblick wird etwas in ihm erlöst. »Und der Augenzeuge denkt hier und später immer wieder den Satz des Dichters nach, der für jede Geschichte eines Kindes gelten sollte, nicht nur für eine geschriebene: ›Cantilene: die Fülle der Liebe und jedes leidenschaftlichen Glücks verewigend‹.«[49]

Die Darstellung Handkes lässt sich in die Frage kleiden: Wie können Glücksgefühle des Vaters in der Einheit mit dem Kind Bestand haben, wenn sie nicht nur durch Belastungen unterminiert werden, wie sie in den verschiedenen Teilbereichen seines Lebens auftreten, sondern auch durch das unvermeidbare Versagen, mit dem man am Kind schuldig wird? Je

älter die Kinder werden, umso mehr nehmen lebensgeschicht-
liche Belastungen und die Schuld gegenüber den Kindern zu,
und diese selbst tragen häufig durch ihre mit dem Alter zunehmenden Schwierigkeiten dazu bei.

Unter solchen Umständen kann Glück im Verhältnis zu den
Kindern, wie in allen anderen Lebenssituationen und engen
Beziehungen auch, niemals einen Dauerzustand darstellen,
sosehr wir ihn auch immer herbeisehnen. Aber es gibt mehr
Erfahrungen, Augenblicke und Zustände von Glück, als uns
oft bewusst ist. Wir müssen sie nur suchen und zulassen und
gegen die Realität des Alltags verteidigen. In der Vater-Kind-
Beziehung führen viele Wege dahin, das Glück von seinen
Fesseln zu befreien und an der Freude zu wachsen.

Ein erstes Geheimnis des Glücks ist die Kunst des Erin-
nerns. Und das Erinnern beginnt mit der Geburt des Kindes.
Wie fühlte sich die Haut des Babys an, wie hat es gerochen?
Das wilde Strampeln der fettgepolsterten Beinchen, das Her-
umfuchteln der Arme, das Quietschen und Juchzen, wenn es
nackt auf dem Wickeltisch lag und am Bauch gekitzelt wurde.
Und später ging der Wind durch das Kornfeld, damals, als man
am Wiesenrand lag und gemeinsam die Libellen beobachtete,
deren Flügel in der Sonne leuchteten. Das Glucksen der
Bäche, Vogelgezwitscher, vorbeiziehende Wolken und das
Kind an der Hand. Glück. An die Fantasie des Kindes, seine
ersten Sätze, die Komik der entstellten Worte und Sinnzusam-
menhänge erinnert man sich nur selten, aber an die Heiter-
keitsausbrüche und das Lachen, die sie bei den Erwachsenen
auslösten. »Papa ist fertig gebügelt«; »Vom Himmel fallen
Schneekrümel«; »Maria ist eine Königsfrau« und ein Haken
ein »Hängedings«. Wohl dem, der früh angefangen hat, über
diese faszinierende Entfaltung der seelischen, intellektuellen
und philosophischen Kräfte des Kindes Tagebuch zu führen –
ein Schatz, den man später in jeder Lebensepoche wieder heben kann, um die Erinnerung dem endgültigen Vergessen zu
entreißen. Auch Fotografien und Filme leisten diesen Dienst,
sie bringen Stimmungen zurück und äußere Atmosphäre, die
im Erinnern zusammenfließen. Aber man muss sich erinnern

wollen! Erst dann kann man sich Zeit nehmen, die Ruhe zulassen, die Gedanken zurück und in die Zukunft schicken und diese Kontemplation als Glück erleben.

Wenn Erinnern eine Kunst ist, lässt sie sich erlernen. Es gehört zu einer immer wieder frappierenden Erfahrung in der psychotherapeutischen Praxis, dass viele Patienten zu Beginn einer Behandlung behaupten, sie träumten »nie«. Die meisten von ihnen haben inzwischen von den Traumphasen gehört, die jeder Mensch in der Nacht durchläuft, und so ist ihr Einverständnis mit der Vermutung schnell einzuholen, dass sie zwar träumen, aber den Inhalten keine Wichtigkeit beimessen. Meist schon der erste dringende Hinweis, sie mögen sich einen Traum der nächsten Nacht merken und nach Möglichkeit aufschreiben, führt zur prompten Aufhebung der Verdrängung. Man kann lernen, sich Träume zu merken, und oftmals sogar ihre Inhalte zu bestimmen. »Denken Sie am Abend gezielt an glückliche Momente mit Ihren Kindern!« Da wir nach einer Formulierung Freuds den Traum als die »via regia zum Unbewussten« auffassen, als Königsweg, der Erinnerung aus dem Gefängnis des Vergessens befreit, zaubert eine solche Empfehlung häufig Bilder der nahen und fernen Vergangenheit hervor, die bis dahin gelöscht schienen.

Aber auch im Wachzustand lässt sich Erinnern üben. Die Konzentration, das Verweilen bei einem bestimmten Thema – »Wie war es damals, als meine Tochter zur Schule kam?« – holt zuerst Bruchstücke der Situation zurück, dann größere Fetzen, die sich langsam zu einem bunten Patchwork-Teppich zusammenfügen.

»Einmal, als ich sie zur Schule brachte, hatte sie große Angst, in das Gebäude zu gehen. Sie konnte nicht sagen, warum.«

»Und dann?«

»Ich erinnere mich nicht mehr.«

»Denk nach!«

»Wir waren zeitig da. Ich glaube, wir haben einen Spaziergang um das Gebäude gemacht.«

»Wo lag das Gebäude?«

185

»An einem Kanal.«

»Was war dann?«

»Wir sind an den Kanal gegangen.«

Und plötzlich fällt dem Vater ein, wie er mit der Tochter auf den bemoosten Stufen der Kanalmauer saß, die direkt ans Wasser reichten. Zwischen dem Moos und den kleinen Mauerpflanzen krochen winzige rote Käfer. Das Wasser hatte eine leichte Strömung und trieb Herbstblätter mit sich. Der Vater fischte einige heraus, setzte die Käferchen darauf und ließ die Blätter wieder schwimmen. Fasziniert schaute die Tochter zu; sie lehnte sich an den Vater und träumte den kleinen Flößen nach. Plötzlich sprang sie auf, lachte: »Ich muss doch in die Schule!« und zog den Vater mit sich bis zum Toreingang. Den Rest des Weges ging sie allein.

Erinnerung als Film, als Roman. Man kann auch gemeinsam solche Filme rekonstruieren und Romanfragmente zu einem Ganzen zusammenfügen. Dabei hilft einem die begeisterte Vorliebe kleiner wie großer Kinder, in der Kiste der Erinnerung zu kramen. »Wie war ich damals, als ich klein war?« »An was erinnerst du dich besonders?« »Und du, was fällt dir noch ein?« Natürlich bringen solche Dialoge nicht nur klare Sternenhimmel und lange Sonnenuntergänge zurück, sondern auch Wolkenbrüche und kalte Jahreszeiten. Aber es gehört zur glücklichen Natur der meisten Menschen, soweit sie das Erinnern nicht gänzlich verlernt oder sich zu chronischen Nörglern entwickelt haben, dass im Laufe der Zeit die positiven Erfahrungen die negativen verdrängen. Der Reichtum an Glück zeichnet tiefere Engramme in unser Gedächtnis, weil es dem Lustprinzip folgt und dieses trotz aller Unbill seine Macht gegenüber dem Realitätsprinzip behauptet.

Eine zweite Quelle des Glücks ist das Geben und Nehmen. Das scheinbare Gegensatzpaar bildet in Wahrheit eine Einheit in der menschlichen Kommunikation. Jede Einseitigkeit zerbricht die Regeln des harmonischen Ausgleichs. Sogar sprachlich lässt sich dieses verinnerlichte Gesetz unseres Handelns nachweisen. »Das mittelhochdeutsche Verb geben geht auf die indogermanische Wurzel ghabd – ›fassen, ergreifen‹

zurück. Das germanische Verb ist in der Lautung von der Wortgruppe von ›nehmen‹ beeinflusst worden. Die Bedeutung ›darreichen, schenken‹ hat sich aus ›fassen, greifen, reichen‹ entwickelt.«[50] Diese Übereinstimmung spiegelt Geben und Nehmen als Urformen menschlicher Befriedungs- und Versöhnungsgesten wider. Die Verletzung dieses Rituals ist mit schweren Kränkungen verbunden. Noch heute gehört es zur Sitte, ob zwischen befreundeten oder fremden Menschen, bei bestimmen Anlässen ein »Gastgeschenk« mitzubringen. Die Unterlassung ist ebenso verletzend, wie es die Zurückweisung wäre. Umgekehrt erzeugt eine ausgewogene Balance zwischen Geben und Nehmen ein tiefes Gefühl von Glück. Wohl am eindeutigsten ist dieser Zusammenhang in der Liebe.[51]

Das Geben und Nehmen in der Liebe zwischen Eltern und Kindern gehört zu den schönsten Glückserfahrungen, die, neben der Partnerschaft, zwischen Menschen möglich sind. Es scheint wie ein Gesetz, das mit der Geburt des Kindes in Kraft tritt und erst mit dem eigenen Tod endet. Die Eltern »schenken« dem Kind das Leben, und dieses bietet sich als Geschenk ihres Lebens an. Dieser Kreislauf wird fortan bestimmend für das Maß familiärer Harmonie. Ab jetzt beginnt ein lebhafter Austausch von wechselseitigem Geben und Nehmen. Das erste Antwortlächeln des Babys, sein Lallen, sein gestillter Hunger, sein seliger Schlaf. Und später die ersten koordinierten Bewegungen, sein Krabbeln, die ersten Laufschritte, die ersten Worte. Diese kontinuierliche Entwicklung aus der absoluten Hilflosigkeit zu einer immer höheren Kompetenz ist ein einziges großes Geschenk an die Eltern, das alle ihre Wünsche, Hoffnungen und Anstrengungen belohnt. Und sie schenken in Fülle zurück: Nahrung, Freude, Zärtlichkeit, Fürsorge, Sprache. Das Kind empfängt sie, wird durch sie getragen und zur Weiterentwicklung stimuliert. Mit der Zeit wird der emotionale Austausch durch materielle Werte ergänzt. Der erste Teddybär, die erste Puppe, die ersten Bausteine gegen das erste gepflückte Blümchen, die erste Krakelzeichnung, gegen Kastanien, Muschelschalen, bunte Kiesel.

Eltern und Kinder könnten große Container mit Geschenken füllen, die sie sich im Laufe ihres Lebens gegenseitig gemacht haben. Einige davon kann man für immer an die Wände hängen, in Regale stellen oder in alten Kramkisten aufbewahren. Erinnerungsstücke. Weihnachten und Geburtstage werden zu heiligen Festen, in denen sich die Liebe im reichlichen Geben und Nehmen offenbart. Wenn man in späteren Jahren Tagebücher, meist von Müttern geschrieben – warum nur von ihnen? –, über die ersten Kindheitsjahre liest oder Briefe an die Verwandtschaft, werden die Geschichten wieder lebendig, die vom Glück erzählen. Darin waren die Väter besonders in früherer Zeit insofern häufig bevorzugt, als sie wenig anwesend waren – »Papa ist arbeiten« – und somit die ganze Freude der Kinder auf sich zogen, wenn sie abends nach Hause kamen, an den Wochenenden mit der Familie Unternehmungen starteten oder in den Ferien endlich eine ausgedehnte Zeit mit den Kindern verbrachten. Deren Freude entlud sich in einem ständigen Geben – Kuchen aus Sand, Tannenzapfen, eigene Basteleien und Schmusen und Kuscheln und Küsschen am Morgen, am Abend und während des Tages. Und die Väter gaben zurück, womit auch immer sie die Kinder erfreuen konnten, erfanden Kosenamen und zeigten ihnen die große weite Welt. Durch die zunehmende Berufstätigkeit der Mütter hat sich diese Situation gewandelt. Auch sie werden jetzt zu den begehrten Objekten und kommen stärker in den gerechten und glücklichen Genuss des Gebens und Nehmens.

Die frühen Kinderjahre sind noch von einer anderen Art dieses kommunikativen Austauschs geprägt, dem Fragealter. Kinder fragen von morgens bis abends: »Warum ist die Kirsche rot?«, »Warum sind Tiger so wild?«, »Warum können Engel Posaune spielen?« Das Fragen ist nicht nur Neugier, Wissensdrang und dient nicht allein dem erweiterten Weltverständnis. Primär ist es die geistig sublimierte Form der frühen Oralität. Der Fragende will etwas bekommen, um es in Besitz zu nehmen. Die Formulierung »jemandem Löcher in den Bauch fragen« drückt noch deutlich die Einverleibungstendenz der oralen Lust aus. Eltern »geben« pausenlos Antwort, »füttern« die Kleinen mit Wissen und stopfen die hungrigen Mäuler mit Informationen. Die ritualisierte Form von Frage und Antwort ist Ausdruck wechselseitigen Nehmens und Gebens. Denn auch die Eltern fragen viel, wollen Antworten bekommen, fragen Kinder aus und drücken darin ihre eigenen oralen Wünsche nach Haben und Inbesitznahme aus. Die wechselseitige Kommunikation dient dazu, das Wesen des anderen zu begreifen, sich ihm zu nähern, um ihn schließlich auf diese Weise in sich aufzunehmen, zu verinnerlichen. Dieser normale Prozess kennt viele Abweichungen. Sowohl Eltern als auch Kinder können durch eine quälende Fragesucht ausgesprochen ausbeuterisch sein; durch zu viele Fragen fühlen sich die anderen »aufgefressen«. Wenn Kinder nur noch selten und wenig über sich erzählen, ist dies häufig ein Signal dafür, dass sie sich »überfragt« fühlen.

Die späte Kindheit, die Jugend und Adoleszenz ändern, unter der Voraussetzung eines annähernden Gleichgewichts in den Familienbeziehungen, nichts Grundsätzliches an dem Prinzip von Geben und Nehmen. Es drückt sich weiterhin in materiellen Geschenken als Symbole wechselseitiger Bezogenheit und Zuneigung aus, nimmt aber auch abstraktere Formen an. Ein ernstes Gespräch, eine heitere Unterhaltung, ein Briefwechsel, ein konkreter Erfolg auf der Stufenleiter zum Erwachsenwerden, verständnisvolle Anteilnahme in Zeiten von Krisen und wechselseitige Hilfe, ob in Notlagen oder im Alltag, alle diese Gesten tragen den Stempel der Nähe und Verbundenheit, die sich über den ewigen Kreislauf von Nehmen und Geben artikulieren.

Ein drittes Geheimnis des Glücks ist die Dankbarkeit. In den Kapiteln »Väter und Söhne« und »Väter und Töchter« haben wir bereits einige Elemente davon kennen gelernt. Der Stolz des Vaters auf seinen Sohn bezieht sich auf den Umstand, dass er sich in ihm noch einmal reproduziert hat. Sein Spiegelbild enthält alle realen und fantasierten Selbstentwürfe, die trotz der bestehenden Wesensunterschiede für immer in Spuren erhalten bleiben. Aus dieser narzisstischen

Spiegelung, die wir als normalen Anteil der Identifizierungsprozesse verstehen gelernt haben, zieht der Vater eine mächtige Kraft zum Ausbau und zur Stabilisierung seiner männlichen wie väterlichen Identität. Dabei wird der Sohn als Objekt verinnerlicht und zu einem Teil des eigenen Selbst. Der Sohn trägt seinerseits zu diesem Prozess bei, indem er den Vater in seiner Männlichkeit bewundert und bestätigt. Aus der Wechselseitigkeit von Identifizierung, äußerer und innerer Spiegelung und schließlich der Verinnerlichung bildet sich im Vater eine Einheit mit dem Sohn, die seine Gesamtpersönlichkeit unauslöschlich prägt. Auch wenn der Sohn, aus welchen Umständen auch immer, als äußere Stütze entfällt, bleibt er innerlich erhalten und bereichert und stärkt auf diese Weise das väterliche Ich.

Die Tochter, so sahen wir, wird in anderer Form für den Vater bedeutsam. Sein Erstaunen über das ganz andere Wesen bringt Gefühlsseiten in ihm zum Schwingen, die die weichen, sanften, zärtlichen, das heißt die weiblichen Anteile in ihm wiederbeleben, die der Verdrängung anheim gefallen waren. Dieser Gefühlsreichtum rundet die Persönlichkeit des Vaters zur Ganzheit ab. Indem die Tochter diesen Zauber vollbringt, heilt sie den Vater von frühen Verletzungen. Aber sie tut noch mehr. Um eine frühere Formulierung hier noch einmal aufzugreifen: Sie besänftigt, beruhigt und befriedet die aggressive Kraft des Vaters. Das Mädchen, die Frau in ihr hilft ihm, sein männliches Aggressionspotenzial abzumildern, unter Kontrolle zu halten und durch Neutralisierung die liebevollen Seiten stärker zur Geltung zu bringen.

Zu diesen inneren Bereicherungen kommen alle neuen Erfahrungen und Erlebnisse, die einem die Kinder vermitteln und die man ohne sie nie machen würde. Die andersartigen Interessen, die Kinder entwickeln, ihre individuellen Begabungen und ihre Sensibilität, ihre neue Sicht auf Lebenszusammenhänge und gesellschaftliche Prozesse, ihre politischen Ideale, ihre abweichenden Zukunftsentwürfe und ihre ungewohnte praktische Lebensgestaltung verändern das Bild, das der Vater von seinen Kindern hat, und fordern seine bisherige

Weltsicht heraus. Wenn er nicht in seinen Auffassungen und Rollen bereits erstarrt ist und alle diese Chancen zu neuen Erkenntnissen nicht blind verwirft, wird er von ihnen in einer Weise lernen können, die ihm ein gemeinsames Wachsen mit den Kindern möglich macht. Nur durch die ständige Korrektur vorgefasster Urteile und Meinungen kann er sich den Reifungsschritten der Kinder und dem Wandel der Zeit konfliktfreier anpassen. Diese Flexibilität eröffnet ihm neue Horizonte und eine innere Lebendigkeit, die er für immer seinen Kindern verdankt.

Bei der Dankbarkeit als Quelle des Glücks, so zeigt sich, geht es nicht um den äußeren Dank, den man von den Kindern als Ausgleich für die Bemühungen um sie erwartet und in mehr oder weniger großem Ausmaß auch erhält. In erster Linie bezieht sich das Gefühl der Dankbarkeit auf eine tiefere Dimension der Erfahrung – auf den inneren Reichtum, den man durch Kinder erfährt. Was Väter in diesem Sinne von ihren Kindern bekommen, grenzt an ein mythisches Glück, das sie für Momente mit unaussprechbarer Dankbarkeit erfüllen kann, wenn sie es mit vollem Bewusstsein wahrnehmen. In solchen Augenblicken des Glücks, in denen man ganz mit sich und den Kindern eins ist und die Welt draußen ihr Gewicht verliert, findet das Vatersein – mit allem, was es einschließt – seine höchstmögliche Erfüllung.

Anmerkungen

1 Mahler, M.S. u.a., 1978.
2 Die Spaltung in ein »gutes« und ein »böses« Mutterobjekt wurde zuerst von Melanie Klein (1960) beschrieben. Solche Spaltungsprozesse sind ubiquitär und betreffen daher auch den Vater.
3 Erikson, E.H.: Identität und Lebenszyklus, 1966.
4 Musil, R.: Die Verwirrungen des Zöglings Törless, 1992.
5 Mitscherlich, M.: Die friedfertige Frau, 1987, S. 19.
6 Jonas, D.F., 1980, S. 159 ff.
7 Jonas, D.F., 1980, S. 22.
8 Paglia, C.: Die Masken der Sexualität, 1995, S. 22 f.
9 Paglia, C.: a.a.O., S. 34 und 43.
10 Freud, S. (1908), Bd. VII, S. 150.
11 Zur Erinnerung: Die Atombombe auf Hiroshima (260.000 Tote) nannten die Amerikaner liebevoll »Little Boy«.
12 Sloterdijk, P.: Sendboten der Gewalt, 1994, S. 25.
13 Erikson, E.H.: Das Problem der Ich-Identität. In: Ders., a.a.O.
14 Vgl. Petri, H.: Geschwister – Liebe und Rivalität, 1994.
15 Fthenakis, W.E.: Väter, Bd. I, S. 116 ff.
16 Freud, S. (1909), Bd. VII, S. 227–231. Zitat S. 229 lautet frei übersetzt: »Wer der Vater ist, bleibt immer ungewiss, während die Abstammung von der Mutter absolut sicher ist.«
17 Fthenakis, W.E., Minsel, B.: Die Rolle des Vaters in der Familie, 2002, S. 93 f. und 275. Zu der Kampagne vgl. Bundesministerium für Familie: »Mein Papa und ich!«, 2002.
18 Die Swift-Zitate sind den Seiten 120–123 der im Literaturverzeichnis zitierten Swift-Ausgabe entnommen.
19 Vgl. das kenntnisreiche Buch des Literaturwissenschaftlers Peter von Matt: »Verkommene Söhne, missratene Töchter« (1995). Außerdem »Vater-Sohn-Konflikte in der Literatur« bei E. Frenzel: »Motive der Weltliteratur« (1988).
20 Im vorliegenden Kapitel war ich zur Veranschaulichung theoretischer Zusammenhänge öfter versucht, den literarischen Propheten der Moderne, Franz Kafka, zu zitieren, insbesondere aus »Brief an den Vater« und aus der biografisch eng verwandten Erzählung »Das Urteil«. Bei beiden Texten handelt es sich um in ihrer psychologi-

schen Schärfe nicht zu übertreffende Analysen der tragischen Ungleichheit eines Vater-Sohn-Verhältnisses. Ich habe darauf verzichtet, weil die Darstellung die Wiedergabe längerer, z.T. auseinandergerissener Passagen notwendig gemacht hätte. Die Lektüre der Originaltexte erscheint mir deswegen sinnvoller.

21 1. Buch Moses, 1.24.

22 Matthäus 5,48.

23 Haustein. J.: Briefe an den Vater, 1987.

24 Vgl.: Lasch, Ch.: Das Zeitalter des Narzissmus, 1979.

25 Vgl.: Der große Duden. Etymologie, Stichworte »Stolz« und »staunen«.

26 Die Anspielung bezieht sich auf die Erzählung »Der kleine Prinz« von A. Saint-Exupéry (1943), eine der symbolischsten Liebesgeschichten, die Kinder von ihren Eltern vorgelesen bekommen. Die Liebe und die Sorge des kleinen Prinzen für die einzige Rose auf seinem kleinen Planeten sind in ihrer Vielschichtigkeit so beschrieben, dass sie sich leicht auf die Vater-Tochter-Beziehung übertragen lassen.

27 Gidion, H.: Was sie stark macht, was sie kränkt, 1993.

28 Unter Kollusion versteht man in der psychoanalytischen Familientheorie die wechselseitige Verklammerung unbewusster Strukturanteile und Erwartungen in den Bindungsmustern einer Beziehung, die zu unauflösbaren Gefühlsspannungen und Konflikten führen kann, weil sie von den Beteiligten nicht erkannt werden. Vgl.: Willi, J. (1975).

29 Jung. C.G. (1913). O'Neill (1931) hat mit seiner Trilogie »Trauer muss Elektra tragen« die psychologischen Implikationen des Dramas in unsere Moderne fortgeschrieben. In anderem Zusammenhang habe ich die enge Verzahnung des Ödipus- und Elektrakomplexes ausführlich beschrieben (Petri, H., 1991, S. 151 ff.).

30 Moses 1,19,30–38.

31 Die Tatsache, dass Väter, in früherer Zeit mehr als heute, ihre Töchter möglichst lange vor der Entjungferung bewahren möchten, hat vielschichtige Gründe. Früher waren es die verletzte Familienehre und die Probleme der anschließenden Verheiratung. Heute wollen Väter ihre Töchter beschützen, weil sie am besten wissen, wozu Männer fähig sind, und weil sie die Folgen für die Töchter kennen. Schon immer haben aber auch Motive der Eifersucht in die Sorge hineingespielt, wobei es der tiefste und unbewusste Wunsch des Vaters sein könnte, als Erster die männlich-weibliche Einheit mit der Tochter zu vollziehen. »Dem Motiv des frühen Sexualwunsches (des Vaters gegenüber der Tochter, H.P.) scheint die Sitte der Primitiven Rechnung zu tragen, welche die Defloration einem Ältesten, Priester, heiligen Mann, also einem Vaterersatz, überträgt. Von hier aus scheint mir ein gerader Weg zum viel bestrittenen Ius primae noctis des mittelalterli-

chen Gutsherren zu führen … Es entspricht dann unserer Erwartung, wenn wir unter den mit der Defloration betrauten Vatersurrogaten auch das Götterbild finden.« (Freud, S. (1918), Bd. XII, S. 174 f.).

32 Diese Zusammenhänge und die seelischen und sozialen Auswirkungen auf die junge Generation habe ich ausführlich in dem Buch »Der Verrat an der jungen Generation« (2002) dargestellt.

33 Fthenakis, W.E.: Väter, Bd. 1, S. 127.

34 Maron, M. im Gespräch mit dem Nestlé-Verwaltungsratspräsidenten H. Maucher über »Macht und andere Gefühlsempfindungen«, in Tages-Anzeiger, Zürich, vom 19./20.10.1996.

35 Mitscherlich, A.: Auf dem Weg zur vaterlosen Gesellschaft, 1963.

36 In dem Buch »Das Drama der Vaterentbehrung« (1999) habe ich mich ausführlich mit dieser Thematik auseinandergesetzt. Um Überschneidungen zu vermeiden und weil der Blick auf die Väter im Vordergrund steht, verzichte ich hier weitgehend auf die Darstellung der psychosozialen Auswirkungen des Vaterverlustes auf die Kinder und ihren weiteren Lebensentwurf. Für interessierte Leser sei in diesem Zusammenhang auch auf das Buch von H. Radebold »Abwesende Väter« (2000) hingewiesen, das sich mit den Folgen der Vaterlosigkeit durch den Zweiten Weltkrieg beschäftigt. Ein psychoanalytisch fundiertes Buch zu der Thematik stammt außerdem von J.Ch. Aigner, »Der ferne Vater« (2001).

37 Canetti. E.: Die Provinz des Menschen, 1986. Zitate aus S. 9 und 78.

38 Benjamin, J.: Die Fesseln der Liebe, 1993.

39 Freud, S. (1904), Bd. IV, S. 175.

40 Petri, H.: Geschwister – Liebe und Rivalität (1994). Geschwisterkonflikte, die aus der symbolischen Bedeutung des Geldes resultieren, habe ich dort eingehend am Beispiel des elterlichen Erbes beschrieben.

41 Gaserow, V.: Wenn Papa nicht zahlt. DIE ZEIT, Nr. 51 vom 13.12.1996.

42 Fthenakis, W.E.: Väter, Bd. II, S. 54.

43 Fachlich interessierten Lesern sei hier ausdrücklich die brillante Studie von L. Wurmser (1990) »Masken der Scham« empfohlen.

44 Petri, H.: Verlassen und verlassen werden, 1991.

45 Jahrelange Supervisionserfahrungen in psychiatrischen Kliniken haben mich in der Vermutung bestärkt, dass viele Väter das Trauma der Scheidung nie verwinden und die traumatischen Erfahrungen maßgeblich, wenn nicht an der Entstehung, so doch an dem Ausbruch einer Psychose oder ihr nahe stehender Krankheitsbilder beteiligt sein können. In der psychotherapeutischen Praxis zeigen sich die seelischen Auswirkungen in weniger dramatischer Form; aber auch hier wird deutlich, dass die Scheidung zum Auslöser schwerer psychischer und psychosomatischer Störungen werden kann.

46 Vgl. Csikszentmihalyi, M.: Flow. Das Geheimnis des Glücks, 1992.

47 Handke, P.: Kindergeschichte, 1984, S. 11 und 12.
48 Ders., a.a.O., S. 42.
49 Ders., a.a.O., S. 104 f.
50 Der große Duden: Herkunftswörter, Etymologie. Stichwort »geben«.
51 Besonders am Schicksal vieler Scheidungsväter lässt sich nachweisen, wie sie quasi an ihrer Liebe »ersticken«, wenn keiner mehr da ist, der dieses »Geschenk« annimmt. Ganz wörtlich bezieht sich dies zum Beispiel auf Geschenke, die man Kindern machen möchte, ob in Form von Sachgütern, Briefen, Postkarten oder Geld, deren Annahme aber aus unterschiedlichen Gründen verweigert wird. Nicht geben zu können, ist unter solchen Umständen oft ebenso schmerzhaft wie der Liebesverlust.

Literatur

Aigner, J. Ch.: Der ferne Vater. Psychosozial, Gießen, 2001.

Benjamin, J.: Die Fesseln der Liebe. Fischer, Frankfurt/M., 1993.

Bundesministerium für Familie, Senioren, Frauen und Gesundheit und Mehr Zeit für Kinder e. V. (Hrsg.): Mein Papa und ich! Berlin, 2002.

Canetti, E.: Die Provinz des Menschen. Fischer, Frankfurt/M., 1986.

Csikszentmihalyi, M.: Flow. Das Geheimnis des Glücks. Klett-Cotta, Stuttgart, 1992.

Erikson, E.H.: Identität und Lebenszyklus. Suhrkamp, Frankfurt/M., 1996.

Frenzel, E.: Motive der Weltliteratur. Kröner, Stuttgart, 1988.

Freud, S.: Zur Psychopathologie des Alltagslebens. GW. Bd. IV (1904), Fischer, Frankfurt/M., 1973.

Ders.: Die »kulturelle« Sexualmoral und die moderne Nervosität. GW. Bd. VII (1908), Fischer, Frankfurt/M., 1996.

Ders.: Beiträge zur Psychologie des Liebeslebens. Individualität. Das Tabu der Virginität. GW. Bd. XII (1918), Fischer, Frankfurt/M., 1966.

Ders.: Das Unbehagen in der Kultur. GW Bd. XIV (1930), Fischer, Frankfurt/M., 1963.

Fthenakis, W.E.: Väter. 2 Bd., dtv, München, 1988.

Ders., Minsel, B.: Die Rolle des Vaters in der Familie. Kohlhammer, Stuttgart, 2002.

Gidion, H.: Was sie stark macht, was sie kränkt. Töchter und ihre Väter. Herder, Freiburg i. Br., 1993.

Handke P.: Kindergeschichte. Suhrkamp, Frankfurt/M., 1984.

Haustein, J. (Hrsg.): Briefe an den Vater. Insel, Frankfurt/M., 1987.

Jonas. D.F.: Aufstieg und Niedergang weiblicher Macht. In: Fester, R., König, M.E.P., Jonas, D.F., Jonas, A.D.: Weib und Macht. Fünf Millionen Jahre Urgeschichte der Frau. Fischer, Frankfurt/M., 1980.

Jung, C.G.: Versuch einer Darstellung der psychoanalytischen Theorie. Jb. f. psychoanal. und psychopath. Forschungen, Bd. 5, 1913.

Kafka, F.: Brief an den Vater. In: Ders.: ER. Suhrkamp, Frankfurt/M., 1975.

Ders.: Das Urteil. In: Ders.: ER. Suhrkamp, Frankfurt/M., 1975.

Klein, M.: Das Seelenleben des Kleinkindes und andere Beiträge zur Psychoanalyse. Klett, Stuttgart, 1983.

Lasch, Ch.: Das Zeitalter des Narzissmus. Steinhausen, München, 1979.

Mahler, M.S., Pine, F., Bergmann, A.: Die psychische Geburt des Menschen. Fischer, Frankfurt/M., 1978.

Matt, P. v.: Verkommene Söhne, missratene Töchter. Familiendesaster in der Literatur. Hanser, München, Wien, 1995.

Mitscherlich, A.: Auf dem Weg zur vaterlosen Gesellschaft, Ideen zur Sozialpsychologie. Piper, München, 1963.

Mitscherlich, M.: Die friedfertige Frau. Fischer, Frankfurt/M., 1987.

Musil, R.: Die Verwirrungen des Zöglings Törless. Rowohlt, Reinbek, 1978.

O'Neill, E.: Trauer muss Elektra tragen. Fischer, Frankfurt/M., 1990.

Paglia, C.: Die Masken der Sexualität. Dt. Taschenbuch Verlag, München, 1995.

Petri, H.: Verlassen und verlassen werden. Kreuz, Stuttgart, 1991. 7. Aufl. 2002.

Ders.: Geschwister – Liebe und Rivalität. Kreuz, Stuttgart, 1994. 7. Aufl. 2002.

Ders.: Das Drama der Vaterentbehrung. Herder, Freiburg, 1999. 4. Aufl. 2003.

Ders.: Der Verrat an der jungen Generation. Herder, Freiburg, 2002.

Radebold, H.: Abwesende Väter. Vandenhoeck & Ruprecht, Göttingen, 2000.

Saint-Exupéry, A. de: Der kleine Prinz. Rauch, Düsseldorf, 1961.

Sloterdijk, P.: Sendboten der Gewalt. Zur Metaphysik des Action-Kinos. Am Beispiel von James Camerons »Terminator 2«. in: Fischer, R., Sloterdijk, P., Theweleit, K.: Bilder der Gewalt. Verl. der Autoren, Frankfurt/M., 1994.

Swift, J.: Gullivers Reisen. Winkler, München, o.J.

Willi, J.: Die Zweierbeziehung. Rowohlt, Reinbek, 1975.

Wurmser, L.: Die Maske der Scham. Springer, Berlin, Heidelberg, New York, 1990.

Quellennachweis

Handke, Peter: aus: Kindergeschichte (S. 11 und 12), © Suhrkamp Verlag, Frankfurt am Main 1984.

Mitscherlich, Margarete: aus: Die friedfertige Frau, © S. Fischer Verlag GmbH, Frankfurt am Main 1985.

Sloterdijk, P.: Sendboten der Gewalt. Zur Metaphysik des Action-Kinos. Am Beispiel von James Camerons »Terminator 2«. Vortrag 1993. Abgedruckt in: Rost, Andreas (Hrsg.): Bilder der Gewalt. Verlag der Autoren, Frankfurt am Main 1994.

Vollständig überarbeitete und aktualisierte Fassung des 1997 im Scherz Verlag erschienenen Buches »Guter Vater – Böser Vater«

Bibliografische Information der Deutschen Bibliothek
Die Deutsche Bibliothek verzeichnet diese Publikation in der Deutschen Nationalbibliografie; detaillierte bibliografische Daten sind im Internet über http://dnb.ddb.de abrufbar

Kreuz Verlag GmbH & Co.KG Stuttgart
Verlagsgruppe Dornier
Postfach 80 06 69, 70506 Stuttgart

www.kreuzverlag.de
www.verlagsgruppe-dornier.de

Umschlaggestaltung: P.S. Petry & Schwamb, Agentur für Marketing und Verlagsdienstleistungen, Freiburg
Umschlagbild: © Photonica/Flynn Larsen
Satz: de·te·pe, Aalen
Druck: Clausen & Bosse, Leck

ISBN 3-7831-2374-7